地域批評シリーズ㊺

これでいいのか広島県

まえがき

本書は、2018年6月に刊行された『日本の特別地域　特別編集81　これでいいのか広島県』を加筆訂正の上、文庫化したものである。

広島県はかなりの有力県だ。中国四国地方の中核県であり、経済規模も大きい。さらにいえば、結局長期のデフレ不況を脱していなかったことが明白になった日本において、広島県は数少ない「成長県」である。一時は「自虐キャンペーン」なんてものを行い、どうにも自信なさげに見えた広島県だが、実は結構長いこと成長を続けてきた優良県だったのである。

だが、主要4大都市、広島、呉、尾道、福山を比較してみたらどうだろうか。広島市は実際目に見えて好調だが、他の3都市も同様かと言われれば疑問符がつく。呉、尾道は人口減少が止まらず、頼みの観光業も災害やパンデミックの前には脆弱だ。福山も昔日の繁栄に比べると、今はまだまだ寂しい状況。各地がそれぞれ、いくつもの問題を抱えている。

実際、広島県には安定感がない。県の象徴である広島東洋カープがいみじくも象徴しているとおり、一時最強を誇っても、ちょっとしたきっかけですぐに沈んでしまう。実力がありながら、「自虐」傾向があったりするのは、こうした広島県の不安定さを、県民は肌で感じているからなのかもしれない。

だが、それでも広島県の歩みは止まらない。２０２０年に世界を覆った新型コロナウイルス感染症の大流行下においても、広島駅のさらなる拡大や、福山、三原の再開発など、経済の動きは活発だ。これは、それまで地域の中心である「一流」であった広島県が、地域の枠を越え、超一流県へと羽ばたこうとしているようにもみえる動きだ。

それでもなお、広島県の不安は色濃く残る。カープがリーグを連覇し、広島県の経済状況が絶好調の時ですら、県民の本当の実感は不安だらけだった。激動の２０２０年代に、世界へ向けて躍進しようとする広島県に、どんな不安があるというのだろうか。

本書は、広島県４大都市の現状と課題、その歴史と県民性の分析から、広島県の実像を探っていく一冊である。長期の取材と資料分析の結果、見えてきた広島県の真実と未来とは、ぜひ一緒に、ご覧いただきたい。

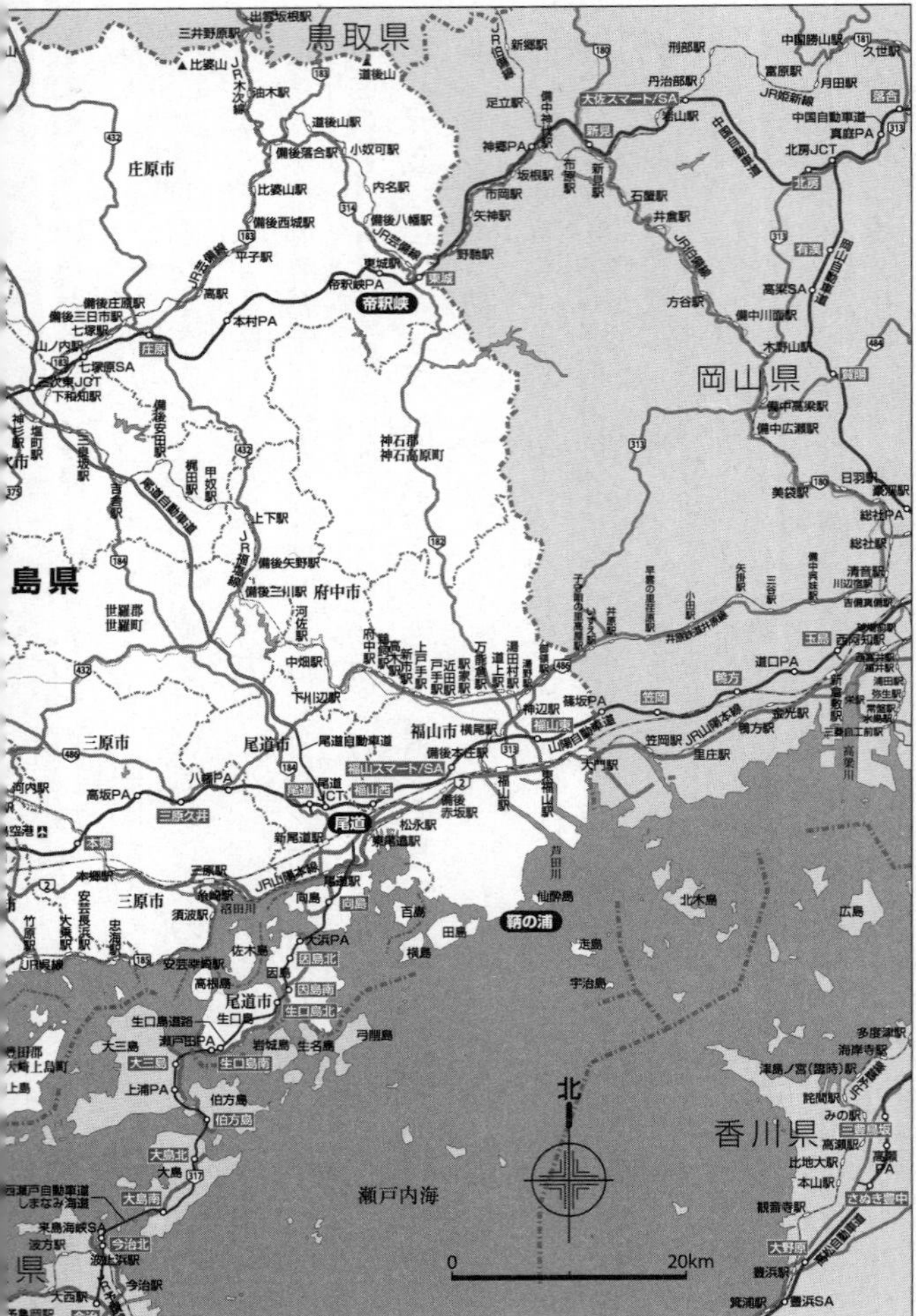

鳥取県
岡山県
島県
香川県
瀬戸内海
北
0
20km
出雲坂根駅
三井野原駅
比婆山
JR木次線
油木駅
道後山
道後山駅
小奴可駅
備後落合駅
比婆山駅
内名駅
備後西城駅
備後八幡駅
JR芸備線
平子駅
庄原市
東城駅
東城
帝釈峡PA
帝釈峡
野馳駅
矢神駅
市岡駅
坂根駅
神郷PA
足立駅
新郷駅
JR伯備線
備中神代駅
大佐スマート/SA
新見
新見駅
布原駅
石蟹駅
井倉駅
刑部駅
丹治部駅
岩山駅
中国勝山駅
久世駅
富原駅
月田駅
JR姫新線
落合
中国自動車道
真庭PA
北房JCT
北房
有漢
高梁SA
岡山自動車道
方谷駅
備中川面駅
木野山駅
賀陽
備中高梁駅
備中広瀬駅
美袋駅
日羽駅
豪渓駅
総社PA
総社駅
清音駅
川辺宿駅
吉備真備駅
備中呉妹駅
三谷駅
矢掛駅
小田駅
早雲の里荏原駅
井原駅
子守唄の里高屋駅
いずえ駅
井原鉄道井原線
備後庄原駅
備後三日市駅
七塚駅
山ノ内駅
庄原
七塚原SA
三次東JCT
下和知駅
高駅
本村PA
備後安田駅
梶田駅
甲奴駅
上下駅
JR福塩線
備後矢野駅
備後三川駅
府中市
河佐駅
中畑駅
下川辺駅
神石郡
神石高原町
府中駅
鵜飼駅
高木駅
新市駅
上戸手駅
戸手駅
近田駅
駅家駅
万能倉駅
道上駅
湯田村駅
神辺駅
御領駅
湯野駅
篠坂PA
笠岡
鴨方
道口PA
玉島
西阿知駅
新倉敷駅
金光駅
鴨方駅
笠岡駅
JR山陽本線
里庄駅
大門駅
福山東
山陽自動車道
福山市
横尾駅
備後本庄駅
福山駅
東福山駅
福山スマート/SA
福山西
備後赤坂駅
松永駅
東尾道駅
尾道市
尾道自動車道
尾道JCT
尾道
新尾道駅
尾道駅
三原市
世羅郡
世羅町
三原久井
八幡PA
高坂PA
河内駅
空港
本郷
本郷駅
三原駅
糸崎駅
須波駅
沼田川
安芸長浜駅
大乗駅
竹原駅
忠海駅
JR呉線
安芸幸崎駅
高根島
佐木島
向島
百島
田島
横島
鞆の浦
仙酔島
走島
宇治島
北木島
広島
芦田川
大浜PA
因島北
因島
因島南
生口島北
生口島道路
生口島
瀬戸田PA
岩城島
生名島
弓削島
生口島南
大三島
上浦PA
伯方島
大島北
大島
大島南
西瀬戸自動車道
しまなみ海道
来島海峡SA
今治北
波方駅
波止浜駅
今治駅
大西駅
今治
予讃線
伊予亀岡駅
伊予富田駅
県
豊田郡
大崎上島町
上島
多度津駅
海岸寺駅
津島ノ宮（臨時）駅
詫間駅
JR予讃線
みの駅
三豊鳥坂
高瀬駅
高瀬PA
比地大駅
本山駅
さぬき豊中
観音寺駅
大野原
高松自動車道
豊浜駅
箕浦駅
豊浜SA
高梁川

広島県地図

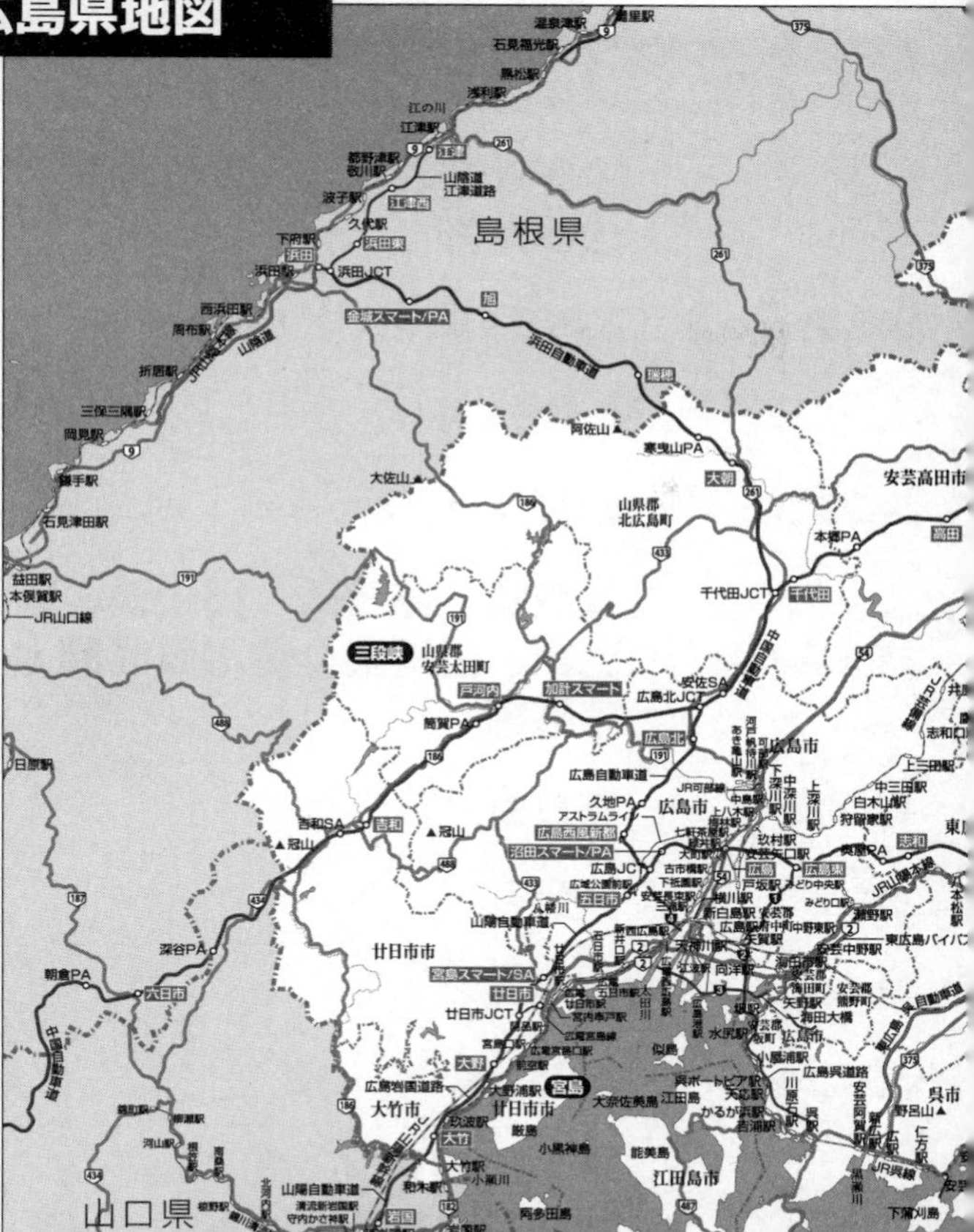

温泉津駅
黒星駅
石見福光駅
黒松駅
浅利駅
江の川
江津駅
都野津駅
敬川駅
江津
山陰道
江津道路
波子駅
江津西
久代駅
下府駅
浜田
浜田東
浜田駅
浜田JCT
島根県
西浜田駅
周布駅
JR山陰本線
山陰道
金城スマート/PA
旭
浜田自動車道
瑞穂
折居駅
三保三隅駅
岡見駅
鎌手駅
石見津田駅
阿佐山
寒曳山PA
大佐山
大朝
安芸高田市
山県郡
北広島町
本郷PA
高田
千代田JCT
千代田
益田駅
本俣賀駅
JR山口線
三段峡
山県郡
安芸太田町
戸河内
加計スマート
安佐SA
広島北JCT
中国自動車道
筒賀PA
広島北
広島市
広島自動車道
JR可部線
日原駅
吉和SA
吉和
冠山
久地PA
アストラムライン
広島西風新都
沼田スマート/PA
広島JCT
五日市
広島
広島東
志和
JR山陽本線
深谷PA
山陽自動車道
廿日市市
八幡川
朝倉PA
六日市
宮島スマート/SA
廿日市
廿日市JCT
東広島バイパス
中国自動車道
大野
広島岩国道路
宮島
大野浦駅
大竹市
廿日市市
厳島
大竹
玖波駅
小黒神島
大竹駅
小瀬川
山陽自動車道
和木駅
岩国
岩国駅
山口県
錦川清流線
清流新岩国駅
守内かさ神駅
新岩国駅
川西駅
西岩国駅
南岩国駅
藤生駅
通津駅
由宇駅
周防高森駅
玖珂駅
欽明路駅
玖珂PA
玖珂
米川駅
周防花岡駅
生野屋駅
下松SA
大河内駅
高水駅
勝間駅
熊毛
徳山東
江田島
大奈佐美島
能美島
江田島市
阿多田島
大黒神島
倉橋島
呉市
鹿島
似島
水尻駅
小屋浦駅
広島呉道路
呉ポートピア駅
天応駅
かるが浜駅
吉浦駅
川原石駅
呉駅
安芸阿賀駅
新広駅
広駅
仁方駅
呉市
野呂山
JR呉線
黒瀬川
下蒲刈島
東広島

広島県基礎データ

地方	中国地方、中国・四国地方、山陽地方
総面積	8,479.45km²
人口	2,796,233 人
人口密度	329.77 人 /㎢
隣接都道府県	鳥取県、島根県、岡山県、山口県、愛媛県、香川県（海上で隣接）
県の木	モミジ
県の鳥	アビ
県の魚	カキ
団体コード	34000-6
県庁舎所在地	〒 730-8511 広島県広島市中区基町 10-52
県庁電話番号	082-228-2111（代表）

※総面積は 2015 年の国勢調査を参照　※人口は推計人口（2020 年 9 月 1 日現在）

まえがき……2
広島県地図……4
広島県基礎データ……6

●第1章●【所々ド派手な広島県の歴史】……13
古代は先進地帯の「郊外」だった広島県……14
中世の広島県の有名人はほとんどヨソ者だった……20
「広島」を作った毛利家の先見性……25
大藩・浅野家の抜け目ない立ち回り……31
日清戦争で一時「日本の首都」に⁉……37
軍事拠点と工業化で一気に発展した戦前……42
苦難の歴史は長かった！　本当の復活はつい最近？……47
大雨に弱すぎる広島の災害事情……52

広島県コラム1　「ICAN」と広島の平和教育……58

●第2章●【広島人って一体どんなヒト？】……61

安芸と備後の対立はない!?　4大都市間の複雑な関係……62
方言は二系統？　案外大きい安芸弁と備後弁の違い……66
私立が強い！　都会型教育の広島……71
お好み焼きはなぜソウルフードになったのか……75
劣勢が伝えられるカキ戦争　原因は王者の油断？……80
広島県が主導した自虐ネタキャンペーンはアリ？……85
過剰な身内意識と強すぎる郷土愛……92
熱しにくい広島人は軽薄で派手好き!?……97
県内のレジャーは残念!!　貧弱な施設ばかり……102
広島県コラム2　三大酒所・西条の知名度……108

●第3章●【突っ走る広島市に弱点はない!?】……111
広電の高架化でまだまだ続く広島駅再開発……112
初のアウトレットモールも定着！　注目の西風新都のこれから……119
危険な横川と怪しい天神川が人気エリアに変貌中！……124
広島市民球場とカープの苦難に満ちた戦い……130
カープのファン層急拡大！　なのに消えない不安……138
ただの地方都市なのに都会人面する広島市民……143
広島のバチカンと呼ばれる府中町の特殊な事情……149
実力都市・廿日市の思惑は過疎地域の切り捨てか？……154
広島市周辺観光は宮島がやはり中心……159
大竹と岩国の「合併構想」は実際どうなのよ……165
広島県コラム3　廃止されたJR三江線の悲しい歴史……170

●第4章●【暮れなずむ呉はこのまま暮れるのか】……173

衰退著しい呉が抱える本当の問題……174
呉にやってくる観光客の大半は大和ミュージアムに直行直帰……178
呉のローカルフードはピカイチなのにPR戦略はお粗末……182
自衛隊に頼り切り？　軍港都市・呉の実情……187
造船業が斜陽で呉の産業は大ピンチ！……192
ボロボロの商店街と悪評高いピカピカの市庁舎……196
小洒落た店が急増　西条は若者の街へ……202
新幹線駅がビミョーに使いづらいのですが……208
コンビニも逃げ出した悲惨すぎる三原……213
三原を支える広島空港　パイロットもビビる〝天空の城〟……218
広島県コラム4　呉集会所問題は決着しない！……222

●第5章●【再開発と街並み保存で揺れる尾道の迷走】……225
移住者が増えている尾道人気の秘密はどこに?……226
気位が高く排他的に見える尾道人の素顔……231
駅前再開発と商店街　尾道は変わるべきか、変わらぬべきか……236
造船所と銀行が尾道に集まっていたワケ……243
しまなみ海道争奪戦は今治優勢！　尾道劣勢!?……248
広島県コラム5　映画の街・尾道の今……254
●第6章●【まちづくりがヘタクソ！　どうしようもない福山のグダグダ感】……257
備後意識の高い福山人は広島でもない岡山でもない異人種……258
宝の持ち腐れ！　城を活かしきれない福山のジレンマ……263
紆余曲折の福山駅前再開発　ユーレイビル化した建物も……267

福山ライフを象徴するふたつの天満屋……273
伏見町は再開発ができない！　寂れているのに地元は反対……278
福山の歓楽街はいまだに昭和感たっぷり……283
情緒もへったくれもない鞆の浦観光の拠点・福山……288

広島県コラム6　復活した草戸千軒……294

●第7章●【改めて見つめ直したい広島県の未来像】……297
広島駅北口再開発の真意は老朽化した中心部の一掃か……298
慎重に大事な物を見極めて超一流県への道を進め！……304

あとがき……314
参考文献……316

第1章
所々ド派手な広島県の歴史

古代は先進地帯の「郊外」だった広島県

イザナギとイザナミゆかりの地!?

広島県の歴史は非常に古い。また、歴史の表舞台に立った時期も大変古い。なんといっても国産み・神産みの神であるイザナギ、イザナミ夫婦大喧嘩の舞台が県内にあるのだ。火の神カグツチを産んだイザナミはその難産から亡くなってしまうが、妻を忘れられないイザナギは黄泉国へ赴く。その際、「イザナミの姿を見ない」という約束を破ったイザナギは、怒ったイザナミの放った軍勢に追われ、ほうほうの体で黄泉国を脱出する。イザナギは国境である黄泉比良坂に、千人の力でなければ動かせないような大岩（千引岩）をおいて追撃する黄泉の軍を食い止め、その岩を挟んでお互いをののしり合ったのである。

この千引岩が、庄原市にあるというのだ。まあ、島根の松江にも千引岩とされる大岩があるので、どちらが「ホンモノ」かはともかく、広島県から島根県にかけての一帯は「イザナギ、イザナミの国だった」ということである。

もちろん、これは神話であり、歴史的な事実ではない。だが、神話というものは、大体が古代の歴史的経緯を反映しているものである。古代の王と王妃が、広島、島根県境を挟んでお互いに軍を動員しにらみ合った、なんていう「事実」が元ネタになっている可能性は案外低くないだろう。

神話からの推測だけではなく、考古学的な事実からもそれはうかがえる。古事記や日本書紀に描かれた神話の主役級は、天孫族（九州系）と出雲族だが、出雲国、つまり島根県からは銅剣や銅鐸など、「文明的な大勢力」が存在した証拠が多数出土しているのだ。

平安時代中頃まで存在感が薄かった

が、広島県を中心に考えると、古代の「実情」にはちょっと面白くない要素

広島県古代～平安時代年表

紀元前3万年頃	大朝町地宗寺遺跡からナイフ形石器などの石器が出土
紀元前1万年頃	神石町帝釈観音堂洞窟遺跡から土器が出土
紀元前6500年頃	県内各地から縄文式土器が出土
紀元前200年頃	神辺町大宮遺跡で大規模な溝（堀などの可能性）が確認される
1世紀頃	三次市花園墳墓群など古墳が造られ始める
5世紀頃	広島県最大の三ツ城古墳が造られる
618年	安芸国に河辺臣を派遣して船を造らせる
645年	律令制に基づき吉備国が備前、備中、備後に分割される
761年	安芸国に遣唐使船4隻を造らせる
771年	安芸国に入唐使船4隻を造らせる
939年	藤原純友討伐のため、備中・備後など諸国に追補令
1129年	平忠盛、山陽・南海両道の海賊追捕の任に着く
1146年	平清盛、安芸守となる
1160年	平清盛、初めて厳島神社に参詣
1164年	平家一門、厳島神社に法華経などを奉納
1185年	長門国壇ノ浦で平家が滅亡

※広島県史年表より作成

がある。なんというか、古い歴史はあるのだが、あまり「主役感」がないのだ。出雲族というくらいだから、やはり日本海側がその中心であり、広島は「山向こう」である。そう考えると、イザナミが赴いた黄泉国は広島側だった、という想像もできるわけだ。

また、神話時代から古墳時代、つまりおおよそ邪馬台国の後の時代になると、おとなり岡山県を中心とする吉備国の存在感が増してくる。現在判明している県別の古墳数を見ると、岡山県と広島県はともに1万1000以上と同じ程度なので、広島も決して「田舎」だったわけではない。だが、全長120メートル以上の巨大古墳はなく（岡山にはたくさんある）、どうも出雲、吉備、九州北部といった「都会」にかこまれた広島は、これら文明圏の「郊外」という位置づけの土地だったのかもしれないのだ。

その後も際だった事件は見当たらず、ようやく「広島っぽさ」を発見できるのは、奈良時代末期、平安京を開く桓武天皇の父、光仁天皇の時代。777年以降の遣唐使が使う船の建造が、安芸国で活発になり、780年には沿岸警備の強化がされるなど、徐々に後の港湾都市の面影が強くなった。

西条にある三ツ城古墳。5世紀ごろのものと見られ、その規模から安芸を統一した首長のものと推定される

逆に農業の方はどちらかというとショボ目だったようだ。平安時代に入った831年には「土地が痩せすぎているから税金おまけ」なんて記述もあったりするし、かなり頻繁に飢饉も起こっていた。

このように、特に古墳時代からは多数の古墳も作られ、かなり発展していたのは確実ながら、イマイチ存在感の薄いのが広島県だった。だが、平安時代も末期になり、武家の時代が始まると、急激な台頭を見せるようになる。それには、貿易の発展と、ある英雄の存在が、大きな役割を果たしていたのである。

安芸国分寺も現在の西条に。この立地から、律令体制期の安芸の中心が西条と府中町にあったことがわかる

広島市の牛田には、6000年以上前の貝塚や、約2000年前の墳墓がある。遺跡は早稲田神社の中にある

中世の広島県の有名人はほとんどヨソ者だった

再開発王・平清盛が広島発展の礎を築く

さて、十分に発展し、人も多く住んでいたと思われるのに、今ひとつ大きなイベントに欠けた古代が終わりにさしかかり、中世に入ると広島は日本史の主役に躍り出る。平安時代になると、大化改新以来進められてきた公地公民制が完全に崩れ、各地に荘園が増える。というのが日本史の教科書だが、広島にとってはそれ以上に、大陸貿易の輸送ルートとして、瀬戸内海が重要になったことが、その後の歴史に意味を持つ。

平安時代は、藤原氏の支配体制が完全に確立した時代だが、それを支えたのが多数の荘園と、大陸貿易の独占による強大な経済力だ。唐物（中国や朝鮮か

安芸・備後の著名な武士一覧

苗字	本姓	本貫地（現住所）
安芸		
毛利氏	大江氏	神奈川県厚木市
吉川氏	工藤流藤原氏	静岡県静岡市
小早川氏	平良文流土肥氏	神奈川県小田原市
熊谷氏	平直方流	埼玉県熊谷市
武田氏	源義光流甲斐源氏	茨城県ひたちなか市
宍戸氏	藤原北家道兼流	茨城県笠間市
平賀氏	源義光流信濃源氏	長野県佐久市
※桂、口羽、志道などは毛利氏庶流		
備後		
宮氏	藤原氏？	不明
新見氏	源義光流甲斐源氏	愛知県
山内氏	秀郷流藤原氏	神奈川県鎌倉市

※各種資料により作成

らの輸入品）は、基本的に太宰府から瀬戸内海を通って近畿へ運ばれる。すでに遣唐使の時代から港湾基地となりつつあった広島の各地は、この恩恵を徐々に受けるようになる。

それが決定的になったのは、平安時代の末期。立役者は平大相国（へいだいしょうこく）こと平清盛である。

清盛の父忠盛など、それ以前から平家は長い努力を重ねて中国地方から九州北部に勢力を築いてきた。その力の根源は、軍事力もさることながら、「唐物」を押さえたことにある。清盛の時期には、すでに世界通貨となっていた宋銭（当時の中国の宋王朝が発行していた貨幣）を大量に輸入し、流通させ、国内経済の支配にかかる。

その中で、瀬戸内海沿いの平家支配地域は多数の開発がなされた。厳島神社への優遇はこうした中で生まれ、現在の海上社殿は清盛の援助によって造られた。西日本の支配者となった平家の元で、その権威も上がっていったのである。

鎌倉以降の広島は関東武士の恩賞地

広島発展の礎を築いたのは平家だが、その栄華は続かなかった。広島をはじめ平家の勢力圏だった西日本には、勝者となった源頼朝旗下の関東武士がやってきたのだ。

戦国時代に安芸の大勢力となる毛利氏も、このときにやってきた。小早川、吉川も同じだ。ちなみに「毛利」は現在の神奈川県厚木市周辺、「小早川」は神奈川県小田原市、「吉川」は静岡県静岡市の地名からきている。鎌倉時代から室町時代まで安芸守護をつとめた武田氏はご存じ甲斐源氏である。備後も同様。鎌倉時代に長く備後守護を勤めた長井氏は、毛利と同族の大江一族。ちなみに「長井」は山形県長井市がルーツ。山内氏も鎌倉市が本貫地である。

このように、広島の有名どころはほとんどが東国出身。そもそも平家だって元は関東武士（常陸平氏→伊勢平氏）なので、安芸、備後の有名どころは大半がヨソ者だったのである。しかも、鎌倉以降の安芸、備後ではイマイチ大勢力が育たず、戦国時代に入ると山口の大内、月山富田城の尼子などに圧迫され、両勢力の間で翻弄されることになる。広島は古代からずっとこの調子で、相変わらず「重要地域の周辺」のままだった。

ただ、その分「鎌倉以来」の地場勢力が温存された地域ともいえる。他の地域のように平安時代から続く「本当に古い家」こそなかったが、あまり目立たなかったおかげで、激動の南北朝時代から戦国時代にかけての「入れ替え」が少なかった。守護の武田氏にしても、南北朝時代に立てた功績から、若狭（福井県西部）に領地を広げた。ただ、そちらの若狭武田氏が安芸武田、甲斐武田を合わせた武田一門の本家筋になり、安芸武田氏はそれほど発展しなかった。

小規模な武家ばかりだったので、戦国時代でも明確に下克上といえる事件は発生していない。そんな中から、地元をまとめたのが、毛利元就だったのである。

平家の力で一気に発展した厳島神社。平家滅亡後も周辺の信仰を集め、出雲大社と並ぶ中国地方最大の神社となる

竹原は小早川水軍の根拠地。広島県内の港町は、ほぼすべてが中世以降「海賊」の拠点として発展した

「広島」を作った毛利家の先見性

毛利元就、一代で中国地方を制覇

さて、古代以来、主人公感に乏しかった広島が、天下に覇を唱える時代がついにやってきた。ご存じ、毛利元就の登場である。

毛利家は、現在の安芸高田市の吉田を根拠地とした武家。毛利は鎌倉時代に源頼朝の側近だった大江広元に始まる武家大江氏の一族（だからお墓などには大江元就と書いてある）。「大江」は「源」「平」などと同じ本姓なので、その子孫は領地などにちなんで苗字を名乗る。毛利や長井がそれで、他には上杉謙信旗下の勇将北条（きたじょう）高広の北条家も大江一門である。

ただ、鎌倉初期の政争の際、大江一門は毎回敗者側についてしまったおかげで没落。唯一広元の次男の長井氏だけが勝ち馬に乗って勢力を保つが、毛利など他の一族の地位は低かった。

そのため、毛利元就が吉田城主になった頃は、まあそれなりの家格ではあったが実力はそこそこ、という程度。しかし、元就の天才的な武略で、クーデターの起こった大内氏を丸ごと飲み込み、鉄の結束を誇った尼子一門を切り崩して滅亡に追い込み、あれよあれよと中国地方から九州北部にまで勢力を拡大したのは誰もが知るところだ。ようやく、広島に「地元出身の英雄」が登場したのである。

この躍進には、元就の息子である毛利隆元、吉川元春、小早川隆景の3人の力が大きかった。だが、1563年、前線指揮だけではなく、内政や経済施策にも抜群の能力を発揮した惣領の隆元が働き盛りの40歳で急死（暗殺とも）してしまう。これにより、一時毛利家の財政は傾きまくり、戦争には強くても破産寸前という笑えない状況に。毛利家の「経営」は隆元の能力に頼りきりだったのである。

この現実を前に、元就は「不拡大方針」を家訓にせざるを得なくなる。元春

安芸高田市の郡山城は立派な観光施設となっている。が、やっぱりアクセスが悪すぎるんだよなあ

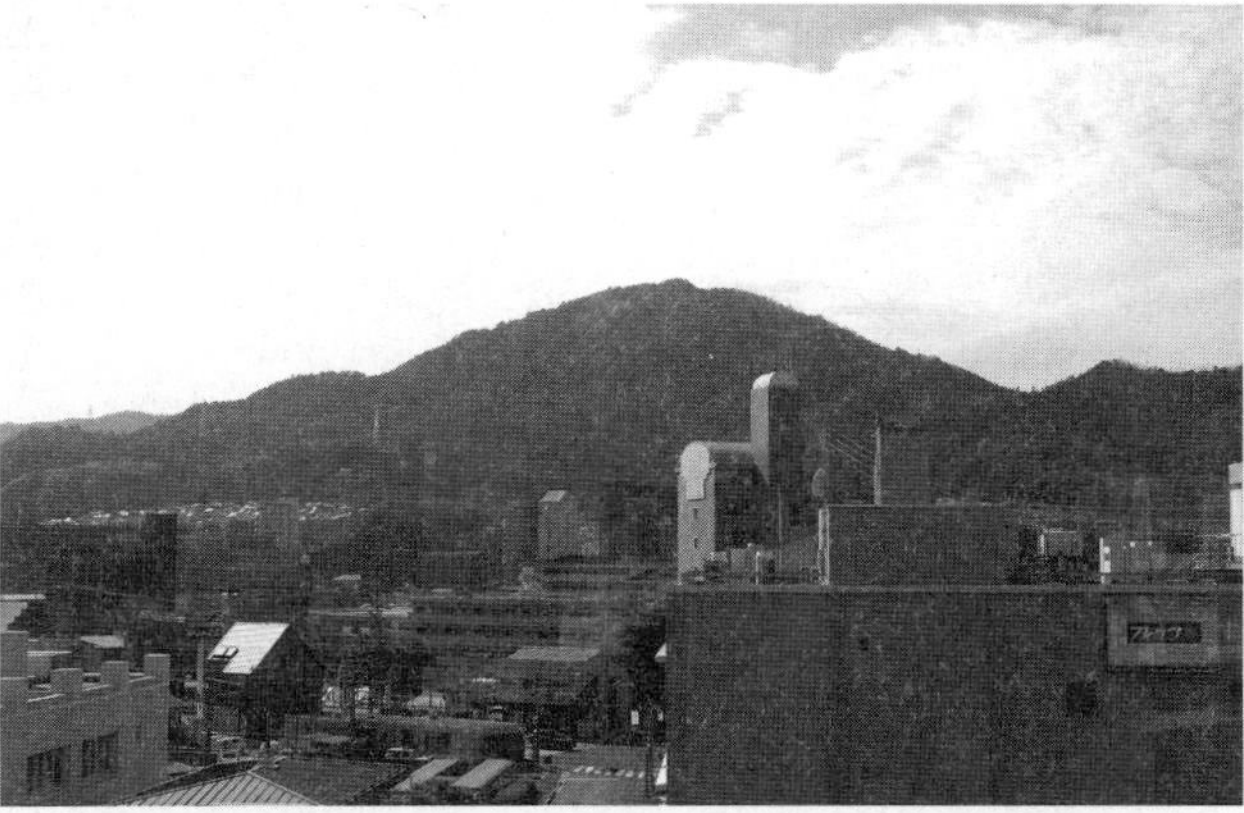

長く安芸守護を勤めた武田氏は、武田信玄で有名な甲斐源氏の一族。写真はその本拠地のひとつである佐東銀山城で、安佐南区にある

や隆景という名将がいても大本を仕切る大黒柱がいなくては活躍のしようがない。事実上、隆元の死が毛利による天下統一への道を閉ざしたといえるだろう。

評価の高くない輝元は「広島」の大恩人だった

さて、隆元の死後、毛利家は仕方がなく元就が「現場復帰」して勢力を固めるが、１５７１年に74歳で死亡。毛利家の当主は、隆元の嫡子輝元が名実ともに務めることになる。

さてこの輝元、古今無双の名将として名高い祖父や父、叔父たちに比べて、評価は非常に低い。

低評価の主な原因は、関ヶ原の戦いにおいて、中途半端な行動をとったおかげで、戦後領国を大幅に削られてしまったことだろう。

ただ、近年の研究では、関ヶ原は徳川家康と石田三成の戦いというよりは、毛利輝元による豊臣政権乗っ取りの陰謀の影響で、特に仲が悪くもなかった家康と三成が戦うハメになった、という説もあるので、だとすれば敗れたとはい

あまり評価の高くない毛利輝元だが、広島の街を造ったのは紛れもなくこの人。近年の研究ではかなり気合いの入った野望家だったとの説も

毛利の本拠地は吉田郡山城。広島駅からはバスで1時間半以上の僻地である

え「かなり頑張った」ともいえる。まあ、それでも負けは負けなのでやはり高評価とはならない。だが、現在の「広島」という街は、輝元がいなかったら成立していないということはご存じだろうか。

元々、このエリアにおける中心都市は山口。毛利家の本拠地は山の中の吉田で、毛利が一帯の覇権を確立した後も、安芸国内に大規模な「都市」はなかった。しかし、輝元は秀吉の天下統一が一定の段階に達すると、「これからは商業都市が重要だ」という方針を立て、太田川の五箇村に新城を建設した。これが広島城である。

それ以前の太田川流域は、交通の要衝ではあったが、城下町となればその規模がぐんと上がる。こうしてできた広島は、毛利家退去後の福島、浅野両家の開発によりさらに拡大。現在に繋がる大都市へと成長していくのである。

大藩・浅野家の抜け目ない立ち回り

戦国の勝者浅野家の驚くべき巧妙さ

関ヶ原の戦い後、広島には戦功第一の福島正則がやってきた。正則は秀吉旗下の勇将として高名で、ともすれば「猪武者」のイメージもあるが、城下町の整備や、産業振興などが大きく進んだのは、福島治世下である。しかし、豊臣系の粛正を進める江戸幕府からすれば、福島正則など最優先の抹殺対象。完全な言いがかりで福島家が改易されると、これまた豊臣恩顧の筆頭格、浅野家が広島にやってくる。浅野家は、豊臣秀吉の正妻北政所（ねね、おね）の実家筋（正確には、婚姻時に家格を上げるために養女となった家）。実質的な初代である浅野長政は、若い頃から秀吉軍の幹部として活躍し、豊臣政権下では五奉行の筆頭格。本来なら福島、加藤などと並んで粛正リストのトップに入る家だ。

しかし、豊臣政権下での困難が、後の浅野家に幸いした。有名な豊臣秀次切腹事件において、浅野家は秀次を弁護したことから失脚。これをとりなし、復帰させたのが徳川家康で、このあたりから浅野家は「徳川派」の色を強めていく。関ヶ原前後からは、もう完全な徳川派の大名として行動し、実権を握った徳川政権からみて「もっとも信頼できる外様大名」の地位を確立する。戦国時代末期に見事な立ち回りを見せた大名家として、藤堂、細川、黒田、山内などが有名だが、浅野はその中でもっとも成功した大名といえるだろう。

そして広島藩主となった浅野家は、福島時代からの開発計画を継続。江戸時代に盛んになった北前船による輸送ルートの重要港を持つ大藩として、大きな利益を上げることになる。

赤穂浪士事件では分家を事実上見殺し

さて、江戸時代の有名事件として、赤穂浪士討ち入り事件は外せない。赤穂

広島藩の主な出来事	
1601年	福島正則49万8千石で安芸入城、検地を開始。兵農分離を進める
1619年	洪水で損壊した広島城の修復ととがめられ改易。浅野長晟、福島家に代わり42万6千石で安芸へ
1632年	長晟の庶子長治が三次藩を立藩
1702年	赤穂浪士の討ち入り事件発生
1718年	5代藩主浅野吉長、藩政改革に失敗
1720年	三次藩断絶
1730年	4代藩主綱長の三男長賢が新田藩を立藩
1835年	9代藩主浅野斉粛が饒津神社を造営
1862年	家老辻将曹による改革に成功
1864年	第一次長州討伐の根拠地となる
1867年	広島藩、長州・薩摩藩と同盟を結ぶ
1871年	廃藩置県により広島県となる

※広島県史年表より作成

藩は広島の浅野の分家で、本来であれば広島の本家は、分家を守る立場にあった。だが、実際は本家の保身を優先し、吉良上野介への復讐を誓う一派の切り崩しを行うわ、浅野内匠頭の弟長広（大学）によるお家再興にも消極的。それでいて、赤穂浪士が人気になると、赤穂藩の遺臣を積極的に取り立てたりと、あまり格好の良い動きはしなかった。

江戸時代の中期に入ると、日本経済の構造変化により、広島藩も財政難に見舞われるようになる。これは江戸末期まで解消されることはなかったが、幕末の動乱では幕府軍による長州征伐の基地となり棚ぼた的な好景気を享受する。それでいて、長州毛利家には同情的で、積極的に和平工作に動くなど、戦国時代に続き「勝ち馬にきっちり乗る」ことに成功。明治新政府体制で主流派になることはできなかったが、きっちり恩を売り、明治以降の大開発への道を開いたといえる。もう賢すぎて嫌になっちゃうのが、広島浅野家なのだ。

対して、備後には広島の浅野、岡山の池田という巨大外様大名の監視役として、水野、阿部など譜代大名が入り、福山藩が立てられた。水野時代は新田開発や福山城築城などの政策が成功し、大幅な増収を達成する。しかし、水野家

現在の広島城は戦後建設されたもの。城の整備が原因で福島正則が改易されたため、浅野時代は一部の整備が行われたのみだった

は断絶し、最終的にこれまた譜代の阿部家が福山藩主となる。阿部家は老中など幕府中枢を担う優秀な当主を多く出した名門だが、おかげで「福山の収入が中央での政治活動に使われる」こととなり、江戸時代末期には財政が破綻。最終的には幕府を裏切って新政府軍に参加することになってしまう。備後国が広島県に入ったのも、「裏切り者はぞんざいな扱いでＯＫ」という意思が働いた結果とか。いや、そうはいっても状況的に他にやりようがなかったわけで、そのあたりは大いに同情したいところなのだが。

饒津神社は浅野長政、幸長、長晟らを主神とする神社。「にぎつさん」として親しまれている

國前寺も浅野家に縁のある寺。原爆投下時に被爆したが倒壊は免れ、本堂などは重要文化財となっている

日清戦争で一時「日本の首都」に!?

乾坤一擲の日清戦争

明治も20年以上が経過すると、日本は絶え間ない対外戦争の時代へ突入する。最初の大規模な戦争は、朝鮮半島における日清戦争だ。

この戦争の評価は難しい。西欧列強の進出に対する対抗策が明治維新であると定義できるだろうが、それを朝鮮半島、清（中国）にも「オススメ」し、共に対抗していこう、というのが元々の日本の姿勢だった。だが、旧体制の維持にこだわり、なかなか日本のいうことに耳を貸そうとしない清と朝鮮の説得が不可能となった日本はついに戦争に至った。というのが、おおよその歴史といえるだろう。

日清戦争時広島大本営関連年表

1894年	8月1日	宣戦布告
	9月8日	明治天皇、広島に大本営進駐を発令
	9月13日	明治天皇皇居を出門
	9月15日	明治天皇広島大本営へ
	10月2日	呉港(呉鎮守府)行幸
	10月18日	第7回帝国議会開会
	11月17日	嘉仁皇太子親王(後の大正天皇)広島へ
	12月9日	臨時内閣出張所を大手町三好旅館に開設
1895年	2月1日	加古町広島県庁舎にて清との第一次講和会議
	3月19日	昭憲皇后広島へ
	4月17日	下関条約締結
	4月21日	日清戦争終結
	4月26日	昭憲皇后広島出発
	4月27日	大本営を京都に移す。明治天皇広島出発
1896年	4月1日	大本営解散

※広島県史年表より作成

こう書くと、頭の固い清が悪いともいえるし、日本の我慢が足りないともいえる。歴史とはそうしたもので、得して善悪の判断などできない。唯一、軍事的に圧倒的な勝利を収めた日本の「改革」が、「その時点では効果的だった」ということだけは確かだろう。

とはいえ当時の日本の状況判断としては、この戦争は本当にヒヤヒヤで始まったものだった。阿片戦争などで「世界最強の大清帝国」が弱体化していたことは知っていたが、それでも「日本ごときが勝てる相手ではない」という見方は強かった。そのため、戦時体制の構築は本気も本気。最高司令官である天皇が、皇居を離れ前進基地に移り、指揮系統の効率化を狙った。これは同じく朝鮮半島で唐・新羅連合軍と戦った1200年前以来のことで、どれほど日本政府が「本気」であったかがうかがえる。13世紀の元寇でも、天皇はおろか執権ですら前線には赴かなかったのに、である。

そして、その前進基地に選ばれたのが、広島だった。

さて、それほどの決意をもって始められた戦争の本拠地に広島が選ばれたわけはなんだったのだろうか。一般的には、東京から繋がる鉄道網の西端が広島駅であったことと、大型船が停泊できる港があったことが、その要因といわれている。それ以外にも、直接攻撃を受ける可能性がある九州北部や山陰地方から一定の距離があるということなども考えられる。また、日清戦争に先立って、1888年には海軍兵学校が東京から呉に移転していたなど、広島県が海軍の「本拠地」となっていたことも大きな要因であった。

ただ、それ以上に、広島が「日本の首都」として「使える」だけの機能をもっていたことが大きい。江戸時代の広島城は火災により焼失していたが、その立地や基礎構造は健在。加えて、商業都市としての能力も高い。このときは、軍事指揮所としてだけではなく、帝国議会も広島で行われている。文字通り首都機能が根こそぎ広島に移転していたわけで、当時の広島がいかに強力な都市であったかがわかるだろう。

この一時的な「遷都」により、広島の街は空前の好景気に沸いた。なにかとお金のかかる（落とす）軍隊がいるだけでも儲かるのに、政府中枢という最上の商売相手が大挙してやってきたのだ。広島に大本営が置かれたのは、日清戦争の始まった1894年8月（機能移転は9月以降）から翌年4月末までの短い期間だったが、この戦争景気で広島の街の「再開発」は一気に進んだ。それ以上に、それまでは大藩・浅野家の本拠地としては有名だったが、江戸や京・大坂、もしくは名古屋や福岡といった巨大都市の影に隠れていた広島の存在感が、日本国内で一気に上がったことは大きい。そして日清戦争の勝利により、ある種広島は「進歩した大日本帝国」の象徴的存在となった。広島は、さらなる発展と、後の悲劇の種を、このとき獲得したのである。

広島城内にあった陸軍第五師団の施設などを転用し、一時日本の首都機能が広島に移った。日清戦争の指揮をとる「大本営」が置かれたのである

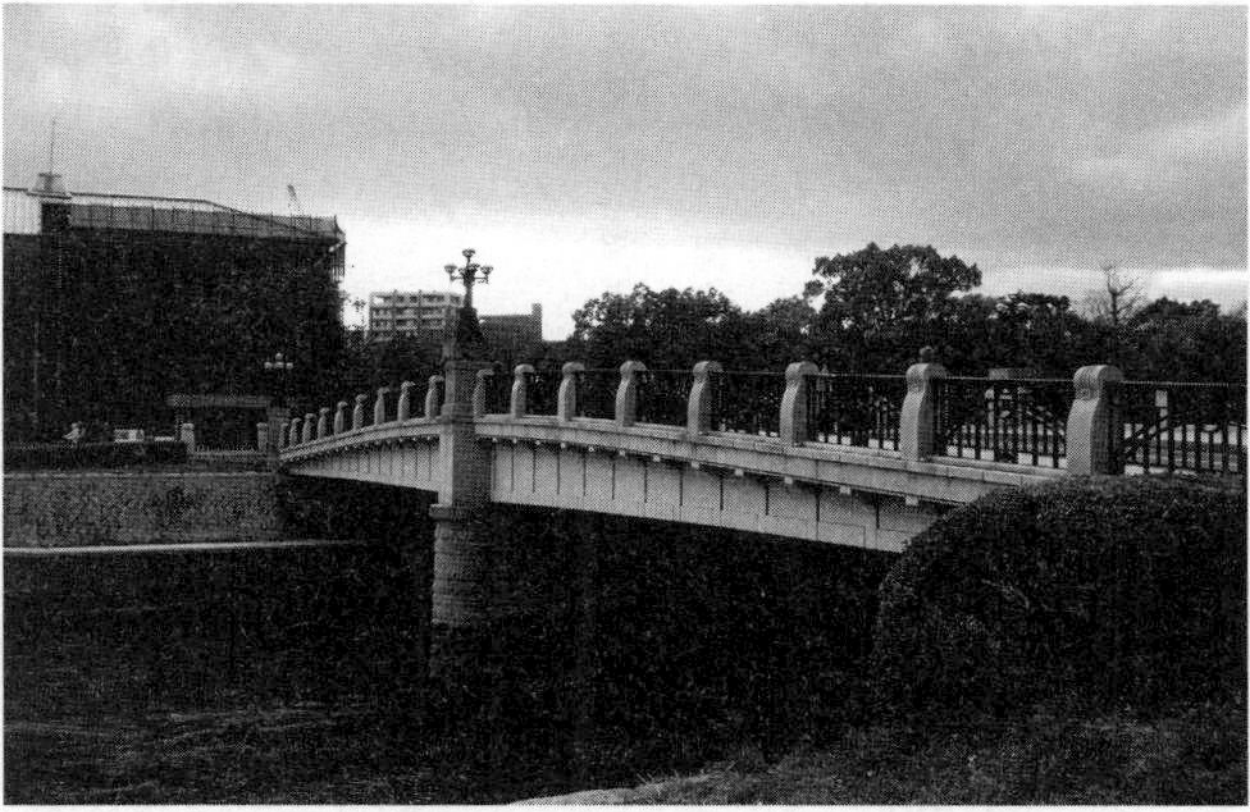

広島大本営に伴い、広島市内には橋梁など多くの都市整備が進んだ。その遺産はいまも至る所に存在する

軍事拠点と工業化で一気に発展した戦前

軍の存在感と共に広島の重要性もアップ

日清戦争の勝利から10年後、今度は日露戦争に勝利し、東アジア、太平洋における日本の存在感は一気に大きくなった。特に日露戦争では、当時世界最強とうたわれたロシアのバルチック艦隊を撃破したことで、日本はイギリスと並ぶ海軍大国として世界的に認知される。実際その実力は確かで、惨敗を喫したとはいえ、第二次世界大戦当時、日本、アメリカ合衆国、イギリス以外に空母戦力を含めた戦闘をまともに行える海軍は存在せず、イギリスが衰えていたこともあり、「強い海軍」はアメリカと日本くらいしか存在しなかった。

海軍の地位向上とともに、広島県の存在感も高まった。呉には海軍の基地だけではなく、大規模な造船所や兵器工場などが集積し、海軍を中心とする工業化がどんどん進んでいった。その中心である呉海軍工廠では、連合艦隊旗艦をつとめた長門、世界最大級の戦艦であった大和、真珠湾攻撃の主役であった空母赤城など、多数の軍艦が建造された。軍艦というものは今も昔も最新技術のかたまりである。つまり、当時の呉は、世界最先端の技術が集まる先進都市であったのだ。

呉だけではなく、広島県全体も潤った。中心は軍需産業でも、それは他の一般産業に支えられる。広島市は難工事の末、宇品港を建設したこともあり、沿岸部を中心に重工業の大工場が点在し、それらをつなぐ路面電車も整備された。

このように、明治後期以降ずっと続いた「戦争景気」をもっとも甘受した「軍事拠点」が広島県であったのである。

軍はもうこりごり？　発展が生んだ悲劇

もうこれ以降は改めてお話しするまでもないことだが、この「発展」こそが、広島県の悲劇に繋がる。軍事的には日本でもっとも重要ともいえる広島市には、本土決戦の可能性が高まった第二次世界大戦末期、西日本の軍を統括する第2総軍の司令部がおかれた。当然激しい攻撃を受ける。原爆の投下は、その象徴だろう。

結果論としては、やはり広島市は軍に依存しすぎたといえるだろう。大正時代に定められた日本の「六大都市」は東京、横浜、大阪、京都、神戸、名古屋を指すが、広島市はそれに次ぐ存在だった。大日本帝国の息の根を止めるために投下された原爆が、この六大都市ではなく広島だったことは、「軍都偏重」であったことが、間違いなくその要因のひとつであった。長崎市も同様で、多くの軍艦を建造していた軍都であった。

悪い言い方をしてしまえば、軍隊に乗っかって「分不相応の発展」をしていなければ、こんな目に遭わされることはなかったのである。戦後の、ともすれば激しすぎる平和教育はそれに対する広島県民の大きな反省とアレルギーの発露であり、もう軍隊はこりごりという気持ちの表れだろう。

しかし、明治以降の戦争の歴史が、広島の発展と今日の地位を造ったのも、

1890年に開庁された呉鎮守府以来、呉は横須賀と並ぶ日本の海軍、自衛隊の一大本拠地となり、地域経済に多大な影響を及ぼした

翻ってまた事実なのである。昨今、広島流の平和教育は退潮の傾向にあり、戦前回帰の思想を唱える向きも出現しつつあるという。

ただ、冷静に考えたとき、これは極端から極端に振れた後の、結論を出す過程、といえるのかもしれない。軍隊に頼って発展したが、大きなしっぺ返しを食らった戦前。もしかしたらその反省を「しすぎた」かもしれない戦後。その結論が出るのはもう少し未来の話であろうが、ようやく広島は、両方のアレルギーを冷静に見つめる時期に達し、バランスのとれた評価を行える段階に達したといえるのではないだろうか。

世界最大級の戦艦であった大和も呉生まれ。現在は呉の観光を牽引するシンボルとなっている

海自と同じく帝国海軍の末裔といえる海上保安庁。海上保安大学も呉にある。卒業すれば確実に各種資格がとれるとあって人気は高い

苦難の歴史は長かった！本当の復活はつい最近？

広島の底力を発揮！　インフラ復旧は驚異の早さ

中心部をほとんど根こそぎ破壊された原爆投下後、実は凄いスピードで広島市の復旧が始まっている。まず、被爆２日後には早くも国鉄の広島、横川駅間の運転を再開。他の路線でも３日後から一部区間が運転を開始している。幹線道路はとりあえず瓦礫を除去して通行が可能になり、橋の修理も早い段階から始まっている。だが、もっとも重要な交通網の早すぎる復旧が、広島救援人員の被爆を招いたという面もある。歴史は残酷である。行政の動きも活発だった。日本では関東大震災後、「どうせ壊れてしまったのだから一気に再開発をしてしまう」という激しい「復興」を行った前例があったわけだが、広島も同様の動きをとった。可能な限り理想的な復興案が多数提案され、幅の広い道路、広大な公園など現在の形が作られていく。

だが、経済基盤を根こそぎ破壊された広島市では、復興に使う費用がない。市民が利益を上げていないのだから、税金など払えるはずがないのである。

そこで、県や市は、国に働きかける。長崎と共に、文字通り「国の生け贄」にされた地元を救うための「広島平和記念都市建設法」が制定され、財源が確保され、平和記念公園や幹線道路など、市街地の整備を進めることができた。

だが、大規模な整備には問題がともなう。元々の地権者が、自分の土地を「無理矢理」道路や公園にされてしまったわけだし、被爆後の街で、とりあえず「不法に」家を建てたり商売を始めていた多くの人は排除された。これら、大きく同情すべき人々の「犠牲」の上に、復興は進んだのである。

経済は急速に回復したもののその実情は

原爆によって、広島は「１００年は住めない」「70年は草木も生えない」とも言われたが、その影響は予想外の早さで去って行った。

もちろん、核攻撃による長期的な悪影響は事実だ。だが、広島に投下された原爆は、効果を最大限に発揮するために、かなりの高度で爆発している。そのため、直接被爆した人々の被害は甚大であったが、「地面」には思ったより影響がなかった。問題は空気中に充満した放射性物質で、それが「黒い雨」となって土壌や水源を汚染したが、原爆投下の8月は台風のシーズン。「風」のおかげで、かなりの放射性物質が飛散し、最大限の被害は避けることができたという。

これらの要因が重なり、事実上原爆投下の翌年である1946年からは、広島の街はおおよそ普通に住める土地となった。ここから、広島は驚異の回復を見せる。

広島市を中心に、1948年には製造業の従業員数が戦前の水準まで回復する。軍需産業の民間転用が進み、さらに朝鮮戦争による特需もあり、また戦後禁止されていた造船業の再開が許可されたことが、急速な回復の要因とされている。

だが、もっとも威力を発揮したのは、広島の人々の起業精神だ。

戦前、爆心地近くには多くの小規模工場があり、その多くが壊滅した。しかし、生き残った人々は、軍需産業から新しいビジネスへ突き進み、新たな産業を興した。軍隊などなくても、広島がやっていけることを証明していったのである。

それでも、そのポテンシャルに見合った実力を取り戻しても広島の「戦後」はいつまでも続いていた。被爆者と広島に対する根強い差別は、21世紀も20年を過ぎた現在でも残っている。市民球団カープはその創生期から長い低迷と短い黄金期を繰り返し、市民の誇りであると同時に、広島の「弱さ」もまた象徴している。新幹線開通によって大きく発展した福岡の存在により、広島の重要度は相対的に低下した。

広島の復興は、とっくの昔に成し遂げられていたのに、イメージの回復には、長い時間がかかった。つい最近、ようやくそれが「一段落」ついたというのが、広島の近代史。それでもまだ、所詮は一段落に過ぎない。広島の歴史は、地元にとっても日本国にとっても、それだけ「重い」ものなのだ。

原爆の悲劇の象徴である原爆ドーム。最近では「加害者」側の欧米からの観光客が多く、真摯な目でこの歴史遺産を見つめている

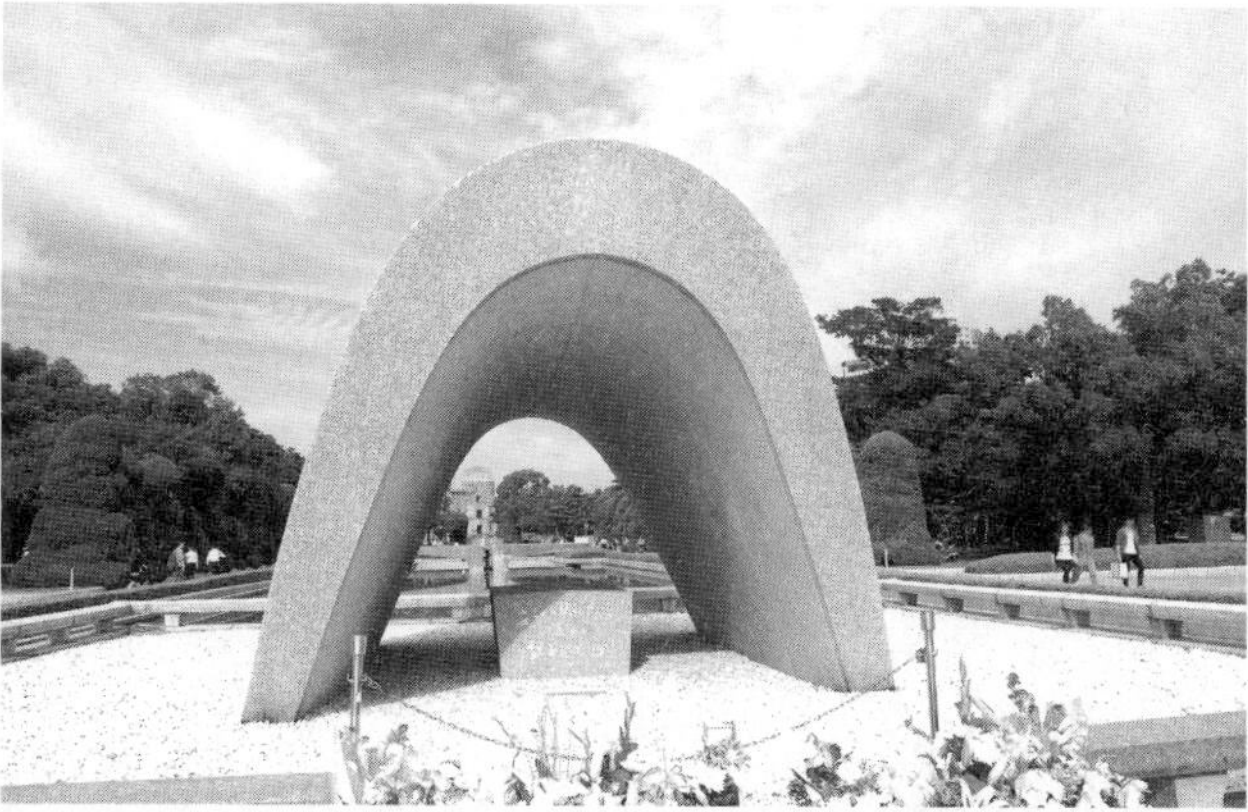

平和記念公園は貴重な歴史遺産だが、完成までには地権者の退去など痛みがあったことも忘れてはならない

大雨に弱すぎる広島の災害事情

悩みつきない広島の地盤

広島県は災害に弱い。２０１８年に起こった西日本豪雨では、広島県全域で被害が発生し、死者、行方不明者を合わせて１１４人、家屋損壊は５８１５戸という甚大な被害を出したが、それ以前から度々大きな被害を被っている。

特に１９４５年９月の枕崎台風は、広島県の歴史に残る惨事だった。９月14日に鹿児島へ上陸した台風は日本列島を縦断。全国で死者２４７３人、行方不明者１２８３人を出す大災害となったが、広島県は死者、行方不明者の合計が２０１２人。全国総計の半数以上となってしまったのだ。中でも被害が大きかったのが呉市で１１５６人が死亡している。

この原因は、広島特有の地質にある。広島県の山地は、主に広島花こう岩といわれている岩石からできているのだが、これは長時間風雨にさらされると「マサ土」とよばれる砂状の土に変化する。このため、山地に沿った住宅地が集中している呉市のような土地では、大雨が降るとすぐに土石流やがけ崩れが発生してしまい、大きな被害が出てしまうのである。

こうした被害は江戸時代からすでに深刻化していた。たとえば幕末の1861（文久9）年に発生した台風では、安芸国西部を中心に広範囲な浸水がおこり、広島城下を「股ヲ没スル位」の水があふれている。

近年でもこの問題は解決しておらず、むしろ深刻化している。21世紀に入ってからは、台風と豪雨による大災害の発生ペースが加速しているようにみえるが、これには近年の土地開発の影響を無視できない。1960年代くらいまでは、文字通り「崖下の狭い土地」を宅地としてきた広島県の多くの地域だが、1970年代以降の開発で、平地に隣接する山や崖を削り、段々状の宅地が多く造られてきた。西風新都などはまさにそうした土地開発の最新バージョンなのだが、こうした土地は今まで以上に土石流やがけ崩れの被害を受けるおそれがある。幸いというか、今のところ大きな被害が出ている地域の多くは「伝統的に危ない」場所であるが（これは近代土木技術の高まりの恩恵だろう）、前述の通り広島県の地質は「しばらくすると砂っぽくなり流れやすい」もの。山沿いの造成地が、いつ「爆発」するかはわからず、将来的な不安はいつまでたってても尽きないのである。

河川の氾濫に悩まされる東部

広島県の安芸国エリアががけ崩れなら、東部の備後国エリアは河川氾濫に悩まされ続けてきた。2018年の西日本豪雨でも、福山市ではため池の決壊や芦田川などの氾濫で、市内約20平方キロメートルという広範囲が冠水している。こうした河川の氾濫は、もはや宿痾と化しており、江戸時代から当時の福山藩を悩ませてきた。中でも有名なのが、福山市神辺町から発する堂々川の土砂災害だ。江戸時代初期から水害の記録が頻出するようになっているが、それ以前の記録にもぽつぽつと見受けられる。現在の福山市域では、河川の氾濫と土砂災害が頻発していたのは間違いないだろう。

福山藩では、江戸時代を通して治水政策に力を入れていた。芦田川流域にいくつもの堤防を築いており、これらは「砂留」遺跡として、市の歴史的建造物となっている。これらの堤防は、石組みを併用した堅牢なもので、当時から土木技術が発展していたことをうかがわせるのだが、そうした数百年（数千年かも）の努力をもってしても、止められないのが広島県の災害というべきなのだろう。

対策はとられているが前途は多難

もちろん、広島県ではこれらの災害に対して様々な対策をとっているが、それも前途多難だ。２０１８年の西日本豪雨では、防砂施設などが一定の効果を発揮し、土石流や流木の被害を軽減したことは確認されたのだが、その上で、土石流が防砂施設の設計値を乗り越えて下流へ流れたことが確認されている。こうした設備の設計値とは、過去の災害データを基に定められるものなので、要するに「今まで以上の災害が発生する」ことが証明されてしまったということである。もちろん、こうした設計値にしても、予算の都合や見通しの甘さで「この程度の物しかつくれなかった」可能性は大いにあるわけだが、前述の通り、ここ数十年の宅地造成などで、もともと弱かった広島県各地の地盤がより脆弱になり、今後ますます水害が深刻化していくと考えて、対策を取るべき状況にあると考えた方が良い。

こう考えると、広島の災害対策はますます厳しいものといえる。宅地造成がどんどん進む広島市などでは、今後想像もしなかったような土石流が起きるおそれがあるわけだし、逆に過疎化が進む地域では、どうしても対策が遅れ、山間部に「取り残される」高齢者が被災する可能性が高まる。高齢者は当然ながら避難の足も鈍いので、被害が増大する心配はさらに高まるのである。

地質が大きな要因で、もはや広島県における台風と豪雨による土砂災害は宿命というべきものなのだが、対策はどんどん難しくなる。もはやある程度は諦めるしかないというのが、実際のところなのだろうか。

広島県の主な土砂災害

発生年月	要因	主な被災地	被害概要
1926年9月	集中豪雨	広島市	山本川(祇園町死者24名)，温品川(温品町，死者4名)，畑賀川(瀬野川町，死者69名)他
1945年9月	枕崎台風	呉市，大野町	死者行方不明者2,012名
1951年10月	ルース台風	大竹市，佐伯郡	死者行方不明者166名
1967年7月	豪雨	呉市	死者行方不明者159名
1972年7月	豪雨	三次市	死者行方不明者39名
1988年6月	豪雨	加計町	死者行方不明者15名
1993年7月	台風5号	戸河内町，筒賀村	家屋全壊1戸他
1999年6月	豪雨	広島市，呉市	死者行方不明者32名
2001年3月	平成13年芸予地震	呉市	死者1名，家屋全壊58戸他
2005年9月	台風14号	廿日市市	家屋全壊4戸，一部損壊44戸他
2006年9月	台風13号	広島市，北広島町，安芸高田市他	死者1名，行方不明者1名，家屋全壊4戸，半壊6戸他
2010年7月	豪雨	庄原市	死者1名，家屋全壊12戸，半壊12戸，一部損壊6戸他
2014年8月	豪雨	広島市，安芸高田市，三次市，福山市	死者77名(災害関連死3名含む)，家屋全壊133戸，半壊122戸，一部損壊175戸他
2018年7月	豪雨	広島市，呉市，三原市，東広島市，熊野町，坂町他	死者108名，行方不明者6名，家屋全壊1029戸，半壊2888戸，一部損壊1898戸他

※土砂災害ポータルひろしまより転載

広島県コラム

「ICAN」と広島の平和教育 1

広島市は「平和都市」として戦後を歩んできたが、本当の意味でその「知名度」が全世界に広まったのは比較的最近。2017年のノーベル平和賞を、国際NGO「核兵器廃絶国際キャンペーン（ICAN）」が受賞して以降である。

ICANは、スイス、ジュネーブに本部を置くNGO。各国政府に対し、核兵器禁止条約への参加を促す運動を行っている組織だが、これは単一の組織ではなく、様々な運動の国際的な連合体である。2018年1月には、ICANのフィン事務局長が来日、長崎で講演を行うなどし、広島市にも訪問した。この活動の盛り上がりが、広島の「世界的知名度アップ」に大きく貢献したのだ。

この活動で、重要な役割を果たしたのは、ICANの「顔役」を勤めたカナダ在住のサーロー節子。サーローは広島女学院進学後、学徒勤労動員で勤務した陸軍第2総軍司令部において被爆した。彼女は戦後米国に留学、その際知り合

ったカナダ出身の男性と結婚し、トロントで暮らしている。
それ以前から折りに触れ自らの被爆体験を語ってきた彼女だが、原水爆禁止活動に積極的に参加するようになったのは、1974年に開かれた会議からだ。ICANの活動が国際的に認められたことには、広島生まれの被爆者が大きく関わっている。「核兵器は必要悪ではなく絶対悪」と語る彼女の言葉は強く重い。

だが、肝心の日本、広島ですら、それに対する反応は鈍かった。ICANがノーベル平和賞を受賞した2017年12月10日に先立ち、9日には原爆ドームの近くでキャンドルに火を灯すイベントが行われたが、参加者は

100人程度。以前なら、もっと大規模な動きがあったかもしれない。

これは、長く続いた広島の平和教育など、戦後の反戦機運が「落ち着いた」ということなのかもしれない。ともすれば、教条的かつ高圧的だった「平和教育」に対する反発は強く、現在の広島でも、原爆についての意識は、なかなか微妙なものとなっている。

ただ、良くない言い方だが、2016年のオバマ元米大統領の訪問、そしてICANのノーベル賞受賞は、海外からの観光客誘致に大きな役割を果たしたのは確かだ。国際政治の舞台では難しくとも、民間レベルでは、以前よりも核廃絶の機運は高まっている。それが、被爆地である広島観光をさらに発展させているのは事実といえるだろう。

そんな中、現地の人々の「被爆地意識」が、この機運と多少なりともズレ始めていることは、広島にとって良いことなのか。問題点は是正するべきだろうが、観光誘致の面からみても、やはり「平和都市」の意識、アイデンティティは、広く求められる時代になっているように思える。

第2章

広島人って一体どんなヒト？

安芸と備後の対立はない!?
4大都市間の複雑な関係

広島と福山は遠すぎて無関係？

広島県は安芸国と備後国が合併してできた県だ。江戸時代の主な藩は広島藩と備後福山藩。このように、複数の国（藩）が合併してできた県は、なにかと県内対立や差別がおこるものだ。有名なのは青森県や石川県、静岡県や大阪府といったところだろうか。

広島県の場合、新政府側の広島藩と譜代の福山藩ということで、いかにもこうした地域対立が起こりそうなもの。しかし、実際には広島人の話を聞いても、また歴史資料をみても、あまりそうした事実は見当たらない。

これには、広島県の地形が関係していると考えられる。広島県は東西に広い。

広島から福山など、車で1時間半程度、新幹線のぞみなら25分くらいだが、運賃は5000円以上。ほいほいと行き来できる距離と金額ではない。新幹線や高速道路という現代のテクノロジーがあってこれなのだ。それ以前であれば、文字通り完全に異国である。関係性が希薄なら、対立などおこりようがないのである。また、現在では大分落ちてしまったが、元々福山は繊維産業が盛んで、広島市ほどではないが十分に栄えていた。これが同等の権威や経済力があると、静岡県の静岡市と浜松市のようなライバル関係になるし、どこかの都市にすべてが集中しているようだと格差問題となるのだが、それぞれが独立してやっていけて、ちょうどいい差があると、案外よい関係になるわけだ。

また、残る広島県の中心都市、呉と尾道は、それぞれの距離関係から呉は広島と、尾道は福山とコンビを組んでおり、これまたバランスがとれている。

表には出てこない内心のお国自慢

このように、安芸と備後、という視点でみると、広島県に県内対立はない。

だが、ある種それは表面的なもの。実は、広島と呉、福山と尾道という「コンビ」間では、微妙な対抗意識があったりするのである。

まず、広島市と呉市だが、もちろん呉サイドは広島を「格上」として認めている。しかし、その一方で「広島はつまらん。呉の方が面白い」という意識があるという。呉のどのあたりが「面白い」のかは、かなりファジーなようで、明確な定義を聞き出すことはできなかったのだが、呉の人々は「呉の方が魅力的」だと考えているようなのだ。

尾道はもっと露骨だ。街の規模からいえば福山のほうが圧倒的に大きいのだが、明らかに尾道を格上と捉えている。確かに、典型的な地方の工業都市といった性格の福山に比べ、尾道は風光明媚。江戸時代の北前船以来の商業都市であり、住友銀行の実質的な第一号店がある。有り体にいえば福山は労働者の街で、尾道はオシャレな商人の街といったところだ。

とはいえ、だからといって福山を馬鹿にするような尾道人は少ないのが面白いところ。これは「品の良い優越感」といった感じで、好感が持てるが、裏を返せば「何を考えているかわからない」わけで、京都人的な怖さに近いのかも

しれない。それを感じてか、福山人も尾道人に対しては、どこか遠慮気味なのだとか。

　このように、実はけっこうバラバラな広島県民だが、それでいて「広島県民意識」は非常に強い。福山などは、地理的にも歴史的にも岡山に近く、岡山県に入ったほうがよかったんじゃないの？　といえる要素も多いのだが、それでも「広島県民であることに誇りを感じ」ていて、むしろ岡山を格下扱いしているのである。

　近年ではカープの復活もあり、こうした広島県プライドは以前よりも増しているようだ。

方言は二系統？案外大きい安芸弁と備後弁の違い

安芸弁はハキハキで備後弁はのんびり？

方言は全国的に薄まっており、「本場」でもなかなか触れることができなくなっているものも多い。

だが、広島県は違う。昭和の極道映画の影響などで全国的に有名なこともあって、方言を好んで使う。

やはり有名なのは「じゃけぇのう」であろうが、近年では少し変化（柔らかく）して「じゃけぇね」「じゃけ」のほうがよく聞かれるようになっている。ただ、前述の極道映画のイメージを利用して、東京など広島県外にいくと、イキがるために使う小僧もいるとか。その場合は「伝統的（菅原文太語と呼ぶべきかも）」

広島方言の代表的な用語

方言	標準語	方言	標準語	方言	標準語
あずる	てこずる	きばる	精を出す	にーな	新しい
あばすれる	騒ぎたてる	きょーとい	恐ろしい	ねつい	しつこい
あらましな	粗雑だ	けんげん	片足跳び	ねんごーたれる	くどくど説明する
いたしー	窮屈だ	さでくりおちる	ころげ落ちる	のすける	手渡す
いちがいもん	頑固者	さばる	しがみつく	のーたくれる	怠ける
いぬる	去る。帰る	そーれん	葬式	はちまん	お転婆娘
いびせー	恐ろしい。こわい	たいぎい	めんどうくさい	はぶてる	腹を立てる
うつり	お返し	たばける	びっくりする	ぶち	すごい
えっと	たくさん	だんだん	ありがとう	へこさか	逆さま
えーかわん	買うことができない	でいえ	分家	へたる	座る
おどれ	お前	どがーに	どのように	ぼっこー	たくさん
おどろく	目が覚める	どんどろさん	雷	みてる	なくなる
おぶける	驚く	なす返す	みやすい	簡単だ	
かもう	からかう	なるい	平ら	だめげる	壊れる
がんす	ございます。あります	にぎり	ケチ	もとーらん	つまらない

※全国方言辞典より作成

な「のう」まできっちり使う。

このほかにも「ぶち」「たいぎい」などが代表的なところだが、これは「安芸弁（広島弁）」である。広島県でいえば備後地域では違いがある。ただ、備後国の領域でも、広島藩の支配地域では安芸弁に近くなる。方言の境界線は、江戸時代の藩分けとほぼ同一といって間違いはないだろう。

さて、全体的なところでいえば、備後弁は安芸弁に比べ語尾が長い。また「の」が「な」に近い発音になるのも特徴的だ。「～のう」ではなく「～なあ」になるわけだ。

ただ、文字で起こすと明確に違うのだが、実際に聞くと安芸人も備後人も「のとなの中間」的な発音の中で、安芸は「の」に近く、備後は「な」に近いといったほうが正確という印象だ。

語尾の「け」も同様だ。安芸弁、それも広島市内では「けぇ」を多く聞くが、他の安芸弁地域や備後弁エリアでは「けん」となる。実際の発音では微妙な差なのだが、全体の印象としては結構違うのが、安芸弁と備後弁なのだ。

極道イメージが変化している広島方言

方言の話題で面白いのは、いわゆる標準語と発音が同じで、意味が全く違う言葉があったり、標準語だと思っていたら、それはその地方でのみ使われる方言だったりすることが多々あることだ。

広島の方言にもそうした言葉はけっこうある。たとえば「しわい（しゅわい）」は、全国的には「ケチ」の意味で使われることが多い。だが広島では「しんどい」という意味なので、「あのオッサンしわいんだよな」と言われて「あの人疲れているのか……」となり、全く話がかみ合わないなんてことは実際にあった。

同じようなものとしては、「しみる」「みやすい」なども挙げられるだろう。「みやすい」はまだかみ合わない可能性は低いが、「しみる」は確実に誤解される。また、「やおい」は一部では全く別次元の言葉として使用されるので注意が必要だ。

逆に、安芸弁、備後弁（九州から関西にかけて広く使われるものもある）だが、全国的に使われるようになった言葉もある。「わや」「がめる」「たいがい」

あたりは、世代によって差はあるが、東京などでもよく使われている。

また、「オリジナルの日本語」がけっこう残っているのもまた広島だ。例えば、『因幡の白兎』に出てくる「わに」は、は虫類のワニではなく魚のサメだ。元々の日本語では、サメは「わに」だったのだ。で、イザナギとイザナミが睨み合ったとされる三次市など県北では、いまもサメを「わに」という。長い歴史の中で変化してしまった言葉が、特に山間の県北では今も残っているケースは多い。

近年では、Ｐｅｒｆｕｍｅやカープ女子などの活躍で「女の子が話すとカワイイ方言」といわれるようになった安芸弁や備後弁。往年の極道イメージからカワイイへの変化とは面白い。それは、広島の人々が自分たちの言葉を大事にし、標準語に飲み込まれていないことの成果だろう。今後も、お国言葉を守り続けてもらいたい。

私立が強い！
都会型教育の広島

学院と修道そして広大附属が御三家

地域の教育事情は、おおよそ高校の受験傾向に表れる。首都圏と関西圏を除き、「優秀な高校」は基本的に県立のトップ校。私立は県立に入れない落ちこぼれの受け皿、というのが全国的な傾向だ。私立が強いのは、大都市圏だけである（国立高校は、私立進学校トップグループと同じ扱いとなる）。だが、広島はちょっと様子が違う。首都圏ほどではないが、私立がかなり強いのである。

最新の高校受験偏差値ランキングをみると、県のトップは国立の広大附属と広大附属福山。これに修道と如水館が続くという、完全に「大都市型」のランキングなのである。さらに、中高一貫の名門、広島学院（学院）もいる。実際のところ、広大附属は進学校としては割と新興勢力と思われており（実績的には十二分に伝統校なのにもかかわらず）、広島の名門校といえば、修道、学院、が不動のツートップである。ちなみに如水館は、学内に特進コースがある典型的な新興進学校なので伝統校には含められていない。

これに対し、名門公立の象徴であるナンバースクール、つまり旧制県立一中、二中などの末裔はイマイチ振るわない。旧制一中から続く県立広島国泰寺は偏差値60ちょい、呉三津田、福山誠之館も似たようなものだ。

ただ、これまた東京などと同じく、近年では広島でも「公立高の逆襲」が進んでおり、県立広島、広島市立広島中等教育学校（旧市立安佐北）の躍進や、広島市立基町の堅調が目立つ。基本的な私立（国立）優位は変わっていないが、ちょっと前のイメージからは、徐々に変化しつつある。

学校の個性はかなりバラバラ

広島の教育事情で面白いのは、修道と学院のイメージが正反対ということ。

修道はイケメン、学院は「うーん」というのが一般的な認識だという。まあこれは学院の出身者から聞いた話なので、バイアスがかかっている可能性は否めないが、確かに学院はちょっと「変」な学校である。

まず立地が激しい。西広島から山を登るとそこが学校だ。風呂敷、弁当など伝説には事欠かず、しかもそれらのほとんどが事実である（風呂敷は廃止されたが）。

それに比べ、修道は自由な学風で知られ、文化祭など学校行事が盛んなのは有名だ。超名門私立進学校はこうした自主自立の校風のところが多い。

ただ、こうした「能力は高いが自由すぎる」学校は、近年、大学の「現役合格率」を落としている傾向があり、修道も思ったより実績は上がっていない。修道が素晴らしい環境であることに疑問の余地はなくとも、単純な受験対策という観点では、相性の問題があるとみるべきだろう。

大学受験に主眼をおくなら、今注目はＡＩＣＪである。ＡＩＣＪは鷗州塾の鷗州コーポレーションが運営している学校だ。がめついと評判の鷗州塾だけあって、実績の確保には熱心。なんでも、放課後には鷗州塾の講師が「特別授

名門御三家も、近年では進学実績に差がついてきた。広大附属は堅調だが、学院は少し、修道はかなり有名大合格率が下がったという

業」をしてくれるそうで、要するにＡＩＣＪに入れば中学、高校の授業料だけで塾にも通っている状態になるとか（特別授業の費用はほとんどかからない）。スパルタ系の学校であり、入るのは簡単だが、進学実績は向上しており、一種お得な学校なのである。

広島の高校は、様々なスタイルを選ぶことができる状態にある。自立心が強いタイプなら広大附属や修道。スパルタ系なら学院（学院は単純なスパルタ系ではないのだが）やＡＩＣＪと、選択肢が広い。多くの選択肢から選べる状況にある県は案外少ない。教育県広島の面目躍如というべきだろう。

お好み焼きはなぜソウルフードになったのか

他に食うもんがなかったけぇ

広島のグルメといえばお好み焼きである。いうまでもないことなので広島焼きだのという話はしない。お好み焼きはお好み焼きだ（もしくはお好み）。

しかし、なぜ広島でこれほどまでにお好み焼き文化が普及したのだろうか。

お好み焼きのルーツは、大正時代に子供のおやつとして広がった、駄菓子屋の一銭洋食だ。当時の感覚では、小麦粉の焼き物とソース自体が格好良い舶来ものであり、西日本を中心に普及した。

当時の一銭洋食（単に「洋食」と呼ぶことも多い）は、店によって様々な作り方があったが、基本的にはネギとクズ肉を入れる（のせる）スタイルだった。

お好み焼きの歴史

奈良時代	吉備真備が唐(中国)より煎餅(センビン)の製法を持ち帰る
戦国時代	千利休、「ふの焼き」を茶菓子として用いる
戦前	もんじゃ焼き、一銭洋食が流行
戦後	一銭洋食に豚肉を乗せ「お好み焼き」と命名
昭和30年代	キャベツ、そばを入れるスタイルが確立
1952年	オタフクお好み焼き用ソース発売
1957年	新天地広場整備。お好み焼き屋台集まる
1963〜65年	新天地広場が公園に。屋台が退去

※各種資料により作成

それがどのようにして、広島のお好み焼きに進化していったのだろうか。

広島のお好み焼きの特徴は、大量のキャベツと焼きそば（うどん）だ。これが発明される経緯には、戦後の食糧難が関係している。

戦後、生産・流通網が破壊された日本国内では、季節による野菜類の供給量が地域によってバラバラであった。比較的容易に手に入ったネギも夏の間は手に入りづらい。そこで、より安く供給が安定しているキャベツに切り替わったのである。

１９５０年代から焼きそばやうどんを入れるようになったのも、根は同じ。復興途上の日本では、まだ米は高かった。池田勇人が「貧乏人は麦を食え」と言い放ったのは１９５０

年。当時、安くお腹に溜まる食べ物は麦製品だったのである。おやつに過ぎなかった「洋食」を、主食にせざるを得なかった食糧事情のなかで、現在の広島のお好み焼きは、そのスタイルを確立していったのである。

幾多の変遷を経て現在のスタイルに

お好み焼きといえばソース。広島県は全国でも圧倒的にソースの使用量が多い県だ。

広島のソースといえば代表はおたふく。これにカープソースが続く。これら「お好み焼き用ソース」の成立は、広島のお好み焼きの進化と共にあった。あの濃厚ソースは、お好み焼きが急場しのぎの「代用食」から、焼きそばやうどん、キャベツを大量に入れる「具だくさん料理」へと進化する過程で、従来のウスターソースでは、薄い小麦粉の生地にしみこみすぎてしまうため、これを避けるために開発されたのが、現在のソースなのである。

ちなみに、広島のお好み焼きの生地が薄いのは、「洋食」から続く伝統。元来は薄い生地で具をくるんで出すスタイルであり、呉では今も「呉焼き」として残っている。これが現在の重ねスタイルに変化したのも、前述の具だくさん路線に対応するためだった。あれだけ厚みがあったらそもそも曲げられないという単純な理由である。

こうして、戦後数十年でスタイルが確立した広島のお好み焼きだが、なぜこれほど普及したのか。

その理由は、新天地広場（現在のアリスガーデン）に屋台が集まり人気となったことなど、いくつも挙げられるだろうが、最大のものは、とにかく「安い」ということだろう。アメリカから戦後大量に供給された小麦粉（メリケン粉）、キャベツ、小麦粉の麺。当時手に入りやすい安価な材料で作られた代用食。もっといえば、他に食べるものがなかったから、である。それが「たまたま」非常に美味で、さらに多くの店が工夫を凝らし、質を向上させていった結果である。

現在では広島の誇りとなっているお好み焼き。それは、戦後の苦難を、力強く跳ね返し、名物にまで昇華させたという、不屈の広島を象徴する、重い歴史の上にたつ郷土料理なのである。だから「広島風」ですませてほしくないのだ。

すっかり観光地と化したお好み村。しかしそのルーツは、新天地広場が公園になった際、立ち退いた屋台が移ったプレハブ小屋に繋がる

お好み焼き以外にも、ホルモンの天ぷらなど戦後の混乱期から始まった名物が多いのが広島の特徴

劣勢が伝えられるカキ戦争 原因は王者の油断？

カキの養殖に有利すぎる広島

広島の名産といえば、やはりお好み焼きよりもカキだろう。近年の生産量をみても、広島県は全国でダントツ1位。実に約50～65パーセントのシェアである。世界的にみると、中国が圧倒的な生産量を誇るが、日本も3～4位につけている。その大半が広島で、世界シェアでいえば約2パーセントが広島産なのである。

広島のカキの大規模な養殖は江戸時代初頭から始まり、今に続いている。なぜ広島でこれほどまでにカキが獲れるのかというと、それは地形に秘密がある。

カキは基本的には動かず、流れてくるプランクトンを食べて育つ。カキが食べるプランクトンは河川から流れてくる植物性のものが主なため、つまり太田川がひとつめの要因だ。

　しかし、同じような河口をもつ湾は多い。だが、広島湾は左右が閉じるお椀型な上、さらに厳島、能美島、江田島など大きな島によって「封鎖されている」のである。これによって、広島湾内の海流はかなり閉じたものとなり、川から流れてくる栄養分が流れ出されないという有利さがある。

　この広島湾の「閉鎖性」は、カキの卵や幼生が、湾内に留まりやすいことにも寄与している。つまり、広島湾で大量に養殖を行えば、翌年以降も大量の子孫が広島湾に残るという寸法。水温がカキに適していることも効果的だ。

　このように、元から有利な条件がある上、カキイカダなど、古くから培われた養殖技術が加わり、広島は圧倒的なカキの産地となった。さらにカキ船などで、関西圏にまで販路を延ばし、大いに繁栄したのである。

たくさん獲れるから商売には無頓着だった？

　広島は日本のカキ生産を文字通り支配するほどの存在だ。だが、それで「最大限に儲かっているのか」といわれると疑問符がつく。

２０１９年の統計をみると、広島県のカキ養殖量は約1万６１００トン。シェアは約60パーセントだ。だが、これを売ったお金、つまり産出額をみると、なんとシェアが約50パーセントに低下。産出量シェアに対し、産出額シェアが高いのは長崎や岡山など。要するに、広島のカキは安く売られ、他県のカキは高く買われているということだ。

日本産のカキは世界的にもブランド化しているが、海外で聞くのは「クマモト」だ。近年人気を集めているオイスターバーでも、「ブランドカキ」は広島県産以外のケースが多い。

これは、長年絶対王者の座にあった広島の油断といえる。莫大な養殖量を誇るだけに、長く広島は大量出荷に向いた加熱用のむき身に集中しており、高値で売れる殻付きの生カキの比率が低かった。

また、カキの消費量が全国でも圧倒的に多い広島だけに、カキは「あって当たり前」のものであり、「カキがブランドになる」意識が低かった。そもそも広島では、カキは生というよりも加熱して食べるのがメジャーだったというこ

カキイカダ養殖法は戦後一気に発展した技術。元々の好条件をさらに活用し、広島のカキは育てられている

とも影響しているだろう。

広島県が調査したところ、「牡蠣」という字を書ける県民は0・6パーセント。「広島の売り物」という意識の低さの表れだ、と危機感を募らせている。

それに対応するのが、2018年に県が始めたキャンペーン「牡蠣ングダム」である。横川や駅西（広島東郵便局の裏あたり）など、カキ料理を出す飲食店街が多数参加し、春カキをアピールするイベントだ。生産者も、海外のオイスターバー向けに小ぶりなカキを出荷するなど、ようやく対策が本格化してきた。まあ、元が強いんだから本気出せばすぐ追いつくでしょう。

※　※　※

このように強い広島のカキだが、２０１４年以降は生産量2万トンを達成できておらず、シェアも２０１２年の約70パーセントから約62パーセントとなっているなど、じわじわと退潮が続いていることに間違いはない。

目下の問題は、一次産業共通の問題である養殖業者の高齢化と後継者不足。これを、あまりの待遇の悪さなどで問題が頻発している「外国人技能実習生」でカバーしているという、かなり危ない現状もある。カキ養殖はむき身加工がワンセットとなっており、これがつらく、中々若い労働者を確保できない。将来的にはこうした作業も、高度に発展したＡＩが制御するロボットによって……となり、問題は解決するのかもしれないが、当面の間は人力がもっとも高効率かつ信頼度も高いのだ。

やはりブランド化をさらに進めて単価を上げ、こうした労働を「高給職」にすることがとりあえずの理想型か。

広島県が主導した自虐ネタキャンペーンはアリ？

周到に計算された革新的なキャンペーン

広島人は、他県の人からみると、自分の故郷を話すとき、ちょっと自虐的に見える。お隣の岡山人も、その傾向があるので中国地方全般にいえることなのかもしれないが、日本を代表する都市のひとつである広島市を擁していながら自虐的というのはなぜなのだろうか。

というぼんやりとしたイメージがあったわけだが、皮肉にもそれは広島県自身によって証明されてしまった。２０１２年、県は大々的に「おしい！広島県」と銘打った観光PRキャンペーンを開始したのである。

曰く、「レモンの生産日本一なのに県民も知らない」「お好み焼き店の数が日

「おしい！広島県」アピールポイント
わざわざ『広島風』と呼ばれるお好み焼き
全国一の生産量なのに知られていない広島レモン
灘や伏見には知名度で及ばない西条の酒
優勝させたい広島カープ
最後の最後で源氏に敗れた平清盛
旬は短く年中食べれない広島カキ
同じタコでも占いができない三原タコ

※広島県資料より作成

本一なのに『広島風』といってしまう」などなど。これらの「おしい」ポイントを「おいしい」に昇華させることが、キャンペーンの目的だとうたわれた。イメージキャラクターには広島県出身タレントの有吉弘行を起用。当時、毒舌キャラクターで再ブレイクした有吉が表に立つことで、アグレッシブさが際立つ企画となった。

だが、そうはいっても、仮に本当に「おしい」なのだとしても、なにもこんなアピールの仕方はないのでは。普通に堂々と「すごいんだぞ！」でいいではないか。

ただ、実際広島人にこうした疑問を

ぶつけてみると、「まー実際たいしたことないし」的な答えが返ってくる。しかし、酒の力を借りてしつこく追求すると、かなり激しいお国自慢を展開するのも、また広島人。こうした気質を考えると「おしい！」はかなり地元感覚にマッチしたキャッチフレーズのようだ。「おしい！広島県」は、途中強面のベテラン俳優河原さぶが「私は『おしい！広島』に反対です」と趣旨にもの申す展開が演出され、良い具合にケレン味をきかせてきた。これらのキャンペーンは「泣ける！広島県」「カンパイ！広島県」を経て、２０１８年にはついに「すごい広島祭」へと前進（もっともこれは県主催ではなく企業タイアップ企画だが）。もはや自虐を超えて「調子に乗っている」路線である。

さて、この「おしい！広島県」キャンペーン。仕掛け人は当時の県広報総括監、樫野孝人。雑誌編集者、福岡ドームプロデューサー、映画プロデューサーなど、メディア経験、地域振興企画経験が豊富な人物である。神戸市長選に出馬した政治家としての顔もある。

そして重要人物がもうひとり。この樫野を起用した県知事、湯崎英彦だ。湯崎は通産省（現経産省）出身のもと官僚だが、早々に退官し、長らくＩＴ業界で活動した。その当時の縁で、このコンビが組まれたわけだ。

しかし、なぜ「おしい！」だったのだろうか。それは、当時のリサーチ結果の中で、東京など大都市圏における広島の「存在感」が非常に希薄だったことに始まっているという。まずは目立つことが最重要で、目を引く企画が必要だった。その中で、広島県民の気質とマッチするのが「おしい！」だと判断されたのだろう。

とかく、地域振興企画では、「おしい！」のような、効果的だがマイナスイメージを伴う企画は通りにくい。役人の石頭故といってしまえば簡単だが、そうならざるを得ない事情もある。広島県は、そうした壁を突破できるトップがいたことで、「おしい！」を動かすことができたのである。企業との効果的なタイアップが多いことも、同じ理由だろう。

結果として、「すごい！」にまで昇格した広島県。だが、振り返ると、「ちょっと頑張っただけですごい！　になった」ともいえる。これまで、どれだけ損をしていたのかという話だ。広島の県民気質というものは、そんなに特殊で誤解を受けやすいものなのだろうか。

２０１２年の「おしい！広島県」以降、様々なＰＲキャンペーンを行ってきた広島県だが、２０１８年以降続いている「牡蠣ングダム」以降は、「その路線」のキャンペーンが途絶えている。

※　※　※

ただ、それが広島の退潮を表すかというとそうではない。新型コロナウイルス感染症の拡大に際した「取組宣言店」では鎧を着た西洋の騎士のイラストが採用されたり、観光業の苦境にあってはカープとタイアップした「ＨＩＴひろしま」ではクラウドファンディングを試みたりと、相変わらず「自治体にしては非常に柔軟」な対応は続いている。

機動力も健在だ。２０２０年６月には、新型コロナウイルス問題による売上減少に苦しむ県内事業者を支援するＥＣサイト「ひろしまモール」を開設。このサイトは２０２０年12月までの期間限定運用で、これまで以上に「必要なものをすぐに用意」する姿勢が目立つ。しかもこのサイト、自前で販売システムまで組み込んだものではなく、基本的には各種通販サイトへの「リンク集」であり、決して大きな費用負担を強いられる物ではない（デザインなどには気合いが入っているから安物でもないが）。

行政がからむと、どうしてもこうしたサイトは「特に必要もない巨大システムをだらだら時間をかけて開発」をしたり、「システムをつくる予算がないから断念」したりとグダグダになりやすいのだが、広島県はそうした無駄を省き、効率の良い開発・運用を心がけているところはさすが。

これら「今の広島」が発信したり取り組んでいる姿勢は、間違いなく「おしい！広島県」などから続く新しい伝統となりつつある。県レベルでこうした柔軟なセンスを見せているのは、他には佐賀県などごく少数しか存在せず、何かと話題を呼んだ自虐キャンペーンは、広島県に大きな成果を残しつつあるといえるだろう。

ただ、まあ仕掛け人の世代や「出自」なんかの関係上、どうしても１９９０年代のリクルート的な匂いが濃厚に残っているのは、そろそろ再検証の必要があるかも。ＰＲなどの根本の思想は今の路線で当面の間は通用しそうだが、ビジュアルのセンスは古くなりつつある。これがゆくゆく足かせとなる可能性はあるので、そのあたりは慎重に取り組んでいってもらいたいものだ。

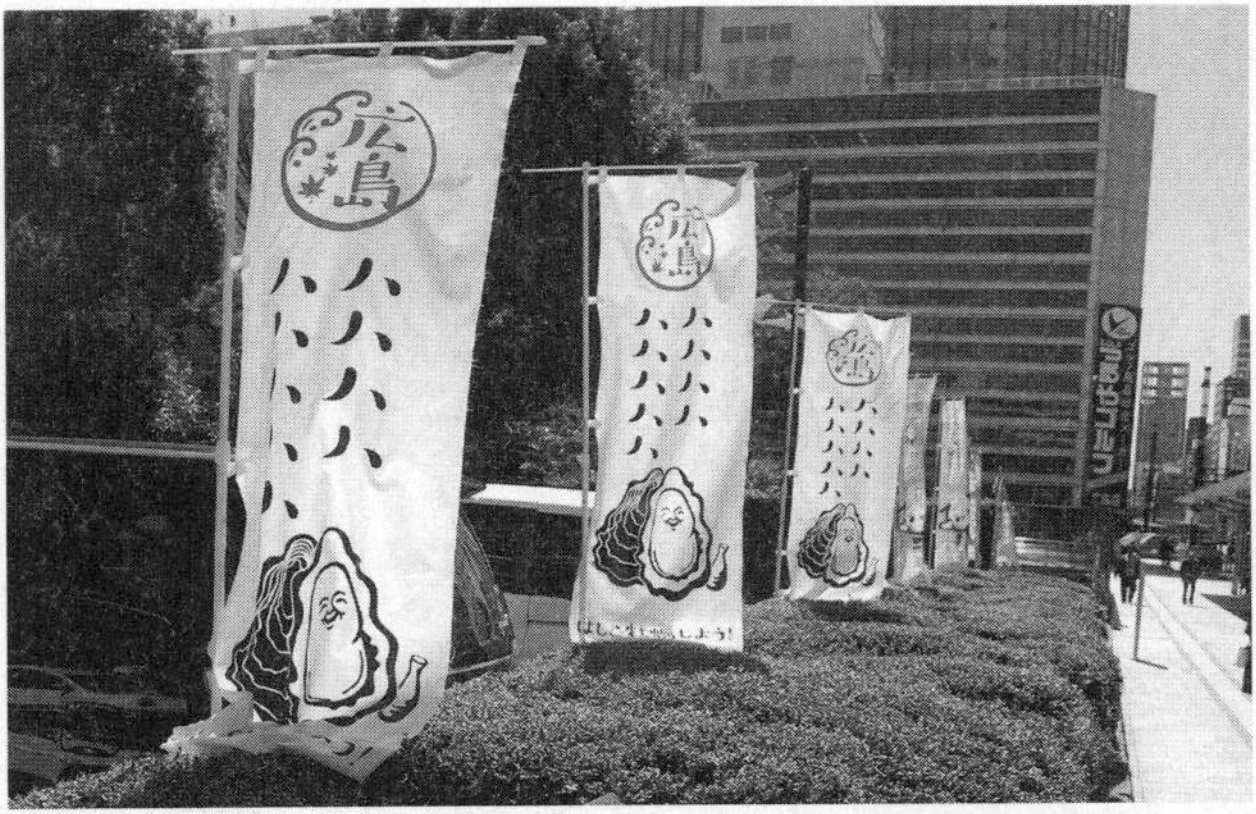

数々のPRキャンペーンを成功させている広島県。特徴は話題性だけでなく、デザインの秀逸さ、ユーザーの使いやすさなどにもある

おしいからすごいに発展した広島県。2018 年からは県営SNS『日刊わしら』もスタートしている

過剰な身内意識と強すぎる郷土愛

帰ってくる人にやさしく帰ってこない人に厳しい

どの地域でも、地元出身の「著名人」は自慢の種だ。だが、その「方向性」にはいろいろなパターンがある。地方では、東京や海外に行って成功している人よりも、地元に留まって活躍している人をより好む傾向がある。広島にも当然そうした傾向はあるが、それ以上に「どこにいっても広島を忘れない」「機会があれば帰ってくる」ことを強く意識する。

ユニコーン、特に奥田民生が広島で絶大な人気を誇るのは、まさにこれだろう。ユニコーンは第一期から、広島のコンサートではカープの帽子、ヘルメット、はっぴを着て演奏するなど、広島の出身であることをアピールしていたし、強い郷土意識から自然にやっていた。

逆に、郷土を捨てて戻ってこないような人には厳しい。有名なのはプロ野球の張本勲。1976年巨人に移籍した張本は、広島でのゲームでは徹底的に敵視された。これは、「大選手張本がセリーグに移籍するなら前年初優勝を飾った地元広島へ」という期待が「裏切られた」ことで、より敵視が過激化したという面があるという。ただ、それでも「帰ってくる」と、手のひらを返すのも特徴。新井貴浩は阪神への移籍に対して、前例がないほどの敵意を向けられたが、広島復帰後は以前より数倍の人気を集めている。前述の張本も、老境に達し被爆体験を積極的に語るようになってから、ようやく実績にふさわしい支持を得るようになっている。要するにどこにいようとも「広島県を忘れていない」「ヨソの人になりきってしまわない」ことが重要なのである。

見栄っ張り体質が慎み深い見てくれに

身内に対しては、このように愛情も憎悪も非常に強い広島人。しかしこれがヨソの人に対してだと急に慎み深くなる傾向もある。

広島には、カキやレモンなどの名産品もあるし、世界的な企業も多い。ただ、やはり東京や大阪に比べ「トップ」が少ないこともまた事実だ。マツダがあくまで「三番手グループ」の企業として、「尖った車種」を多数製造してきたのがその象徴といえるだろう。

よく、広島人は見栄っ張りだといわれ、実際にそうなのだろうが、その上で「広島よりも上の存在がある」ことをしっかり認識している。見栄っ張りがゆえに、「ウソをついてまで広島が一番なんて言えない」という見栄を張るわけだ。実に真面目な気質である。これが、「地元を離れるとあまり広島の自慢をしない、さらに自虐傾向がある」とまでいわれる広島人の正体なのではないか？　だからこそ、地元の身内に対しては、その郷土愛と身内意識が増幅されるのであろう。

ただ、ヨソ者からみると、この複雑な性向には、わかりにくさがあるし、壁を感じてしまうのだ。特に、オープンな地元愛を炸裂させる京都人など、プライドの高い傾向のある人々とは相性が悪い。「広島を認める前に、まず自分の郷土を自慢する」相手には、冷淡に接してしまうわけだ。

地元の仲間同士で行動することが特に多いといわれる広島人だが、確かにその傾向は見て取れる

それはそれで一向にかまわないのではあるが、観光都市として成功し、これからは外国人との接触もさらに増える広島だ。ヨソ者に結果として壁を作るのは仕方がないにしても、「自分たちにはそういう傾向がある」ということを意識しておかないと、無駄なトラブルが起こったり、チャンスを逃すことになりかねない。

とはいっても、広島県のキャンペーンも「おしい」から「すごい」へと「成長」してきたわけだし、そろそろ慎み深い広島人も、もう少しオープンに地元を誇っていい時期に達したような気もするのだが。

特産品の全国展開がイマイチなのも特徴。知名度はピカイチでも、他県ではあまり販売されていない

ソウルフードとなるチェーン店も、他の地域から見れば「幻の」になってしまう。もっと攻めてもよくない？

熱しにくい広島人は軽薄で派手好き!?

冷めやすいのは本当で飽きるスピードが速い！

見栄っ張り気質と同時に慎み深さをもつ広島人。その気質は、よく「熱しにくく冷めやすい」などといわれる。

音楽コンサートなど、「盛り上げ」系のイベントでは、広島は鬼門といわれることが多い。集客に関しては特に不利ということはないが、とにかく「広島は盛り上がらない」というのが定説だ。アーティストが「よっしゃいくぜー！」と絶叫しても遠慮がちな「ゎぁ」という声が返ってくるだけ。そういうイメージなのだ。

だが、実際の広島人は、確実に盛り上がっているのである。ただ、バカみたいに騒ぐのは恥ずかしいから遠慮がちな態度をとってしまうだけなのだ。前項でみた、他地域の人に対する態度は、広島県内でもとられているのである。

ただ、「冷めやすい」というのは本当だ。広島人はとにかく新しいものが好きだ。よく、新商品のモニタリングを行う際は、仙台と並び、広島が選ばれる。とにかく最初の食いつきがよく、それでいてすぐ飽きる。企業サイドは、その飽きるスピードや、どんなプロセスで飽きられていくかを分析するのだと聞いたことがある。

他にも面白い話がある。これは県全体というよりも、伝統的に裕福だといわれる地域に限定されるのだが、「無料配布」への食いつきが非常に悪いのだとか。ただ、裕福でないとされる地域でも基本は同じ。誇り高い広島人は施しを受けるのを嫌う。ビンボーでもちゃんとお金を払わないと我慢ならないのだ。同じ理由で、ビンボーでもブランド志向でファッションにはうるさいし、遊びやギャンブルもガンガンやるのだ。

さて、先に挙げた広島気質は、実は「市内」を中心とする広島市のものだ。他の都市では少々様相が変わってくる。

とはいえ、基本的な傾向は変わらない。変わるのはその度合いである。もっとも違うのはやはり福山。取材した結果、福山市民は「もっとも熱しにくく、さらに冷めやすい」という印象をもった。一見無機質にもみえる。カープの人気は福山にも当然及んでいるが、福山市民はそれを表に出さない。別に隠しているワケではないのだが、外見的には隠れカープファンだ。

また、尾道は比較すれば「熱せず冷めている」であり、呉は「わりと熱くて冷めやすい」になる。

広島気質は誤解を招きやすいと心得よ

このような傾向なら、普通に考えれば広島人はマナーが良く、一見おとなしい人たちとなる。だが、実際はそんなことはない。ここでいう「実際」とは外見的、という意味だが。

見栄っ張りは負けず嫌いに通じる。これは特に呉が「ひどい」といわれるのだが、広島人はとにかく謝らない。自然口も悪くなるし、ケンカに発展することもある。普段は格好を付けて「熱しにくい」ようにみえる広島人は、本当は瞬間湯沸かし器である。でなければ飽きっぽい性格にはならないだろう。ただ、飽きっぽさはさっぱりした性格にもつながり、ネチネチと後に引くことは少ない。

さて、これが実際に広島人から聞いた話と、「一般論」から導き出した広島県民気質である。「メチャクチャなことを言うな！」と怒る人もいるだろうが、そのように見られているのは事実だ。

広島人は「自分たちはラテン系である」という意識をもったほうがベターではないだろうか。ラテン系は、世界的に誤解を招くことが多い。軽薄で派手好きで適当。そんなイメージをもたれがちだ。内々では、別に気にする必要などないのだが、外部からは「広島人はようわからん」と思われているのかもしれない。注意が必要だ。

数々のアーティストを震え上がらせてきた広島グリーンアリーナ。筆者は「広島は厳しいからパスしようか」という発言を聞いたことがある

飲み会での元気さはピカイチなのも広島人。今時これだけの飲み屋がある街ってほとんど存在しないよ

県内のレジャーは残念!! 貧弱な施設ばかり

大きな遊園地もあったのだが……

さて、広島県に住む人々とはどのような「人種」であるかを見てきたが、いかがだっただろうか。最後に、こうした気質が生んでいると思われる「広島レジャー事情」をみてみたい。

広島人は飽きっぽい。カープですら、弱いときには客が入らなかったのだ。そんな土地では、継続的な動員が必要なレジャー施設は育ちにくい。KADOKAWAが発行する「ウォーカー」シリーズは、国内におけるレジャー情報を主に取り扱っている。このウェブ版で広島県のレジャー施設を調べてみると、毎回上位人気に推されるのが広島マリーナホップ。確かにジェットコースターなどアトラクションはあるが、基本的にはショッピングモールである。その他を見ても、キャンプ場や公園が並び、小谷サービスエリアもランクイン。「専業」のレジャー施設は、みろくの里くらいなものだ。

お隣の岡山県をみると、巨大プールのサントピア岡山総社、渋川マリン水族館、おもちゃ王国、ジョイフルパークなど、多数のレジャー施設が存在。山口県も、数は少ないが秋吉のサファリランドなど、大規模なものがある。

中国地方では圧倒的な規模を誇る広島県に、大型のレジャー施設が少ないのはなぜなのか。過去には広島ナタリー、呉ポートピアランドという遊園地があった。しかし、高い料金やニーズとズレたアトラクションにより人気が低迷。バブル崩壊の影響で苦戦が続き、しまいにはナタリーとポートピアランドが「食い合い」状態になり1990年代の終わりには両施設とも潰れてしまった。

ちょっと走ればレジャーは足りる

しかし、レジャー施設が少ないからといって、広島県民が遊びに関心がない

広島県のレジャー施設人気ランキング

順位	施設名
1	矢野温泉公園四季の里キャンプ場
2	緑そよぐ大人の海マチ 広島マリーナホップ
3	羽高湖森林公園
4	広島県立中央森林公園 バーベキュー広場
5	憩いの森公園
6	三原市棲真寺山オートキャンプ場
7	国営備北丘陵公園
8	LECT
9	神石高原ティアガルテン
10	瀬戸内海国立公園 野呂山
11	フットサルドームPIVOX(ピヴォックス)広島
12	そごう広島店
13	みろくの里
14	小谷SA(上り線)
15	三倉岳県立自然公園キャンプ場
16	いこいの森弘法山キャンプ場
17	小瀬川オートキャンプ場
18	ひろしま美術館
19	コストコ 広島
20	ウッドワン美術館

※ウォーカープラス2018年5月ランキング

わけではない。むしろ熱心すぎて困るレベルである。

では、広島県民はどこで遊んでいるのだろうか。答えは「県外」だ。遊園地だったら新幹線で大阪のユニバーサルスタジオジャパン。残念ながら閉鎖されてしまったが八幡のスペースワールドも候補に入っていた。

海水浴も県外に。いや、県内の海水浴場にもいくのだが、なにせ瀬戸内海はあまりきれいではない。どうせならということで、島根県浜田市あたりの日本海へ向かう人は多い。

スキーも同様だ。恐羅漢スノーパークや芸北国際スキー場など、県内にはなかなかの規模のスキー場があるが、鳥取の大山に比べればやはり小さい。大山のスキー場の最大顧客は広島県民である。

このように、やたらと県外に遊びに行く傾向が強いのは、広島県が車社会であり、その上これらの施設が案外近いことに理由がある。大山は多少遠くて3時間強だが、日本海の海水浴場なら車で1時間半程度。高速バスを利用する手もある。

同時に、新幹線に乗ってお出かけという行為が妙にお手軽感覚なのだ。他の

しまなみ海道の整備で愛媛へも簡単にいけるように。ひとっ風呂浴びに道後へ、なんてのも可能になった

地域の人なら、新幹線に乗るのは「旅」である。だが、県内の中心としてある広島と福山が「新幹線に乗らないととてもいけない」距離にある広島県では、そうした感覚も薄い。似たような地理的条件にある静岡県も同じ傾向がある。

県内には施設がなくても、大して遠くもないエリアにたくさんの施設がある広島。そう考えると広島人は、かなりお得な生活をしているといえる。地元の施設が潰れたのも、こうした移り気の激しい県民気質が影響しているのかもしれない。飽きたら別の場所にいけばいい、というのが広島感覚。案外ちゃっかりしている面もあるのである。

岩国の錦帯橋も手近な観光地のひとつ。とはいえ、あんまりここに行こうとする広島人はいないとか

リム・ふくやまにあった「ギザギザ葉っぱ〜遊びの王国〜」。残念ながらリム・ふくやまは2020年8月末で閉館した

広島県コラム ❷

三大酒所・西条の知名度

日本三大酒所といえば、灘、伏見、そして西条。広島の米を使い、広島流の三段仕込みで作られる西条酒は、酒造りに適した井戸水を使用して作られている。著名な銘柄は賀茂泉、西條鶴、白牡丹など。それぞれに特徴があるが、共通するのは「うまみがあり、小味の効いた、キレのよい、芳醇な香りをもった清酒」だということだ。

ただ、灘や伏見に比べ、西条酒は東日本での知名度が低い。東日本では新潟や東北が酒所として知られており、人気だということもあるが、それにしても、もっと有名でも良さそうなものだ。

その理由は、西条酒の歴史が案外短いことにある。灘や伏見など、近畿の酒は江戸時代から「下りもの（京から江戸へ「下る」）」として著名で、長いブランドの歴史がある。だが、西条酒は江戸時代から作られていたが、当時は他国へ輸出

されておらず、ほとんどが地元での消費のみだった。
　これが変わったのは明治時代。三浦仙三郎が現れ、広島の水に適した醸造法を開発。後に米をギリギリまで磨く吟醸酒の発明にも関わり、西条酒の品質を大きく向上させた。
　西条酒が全国的な銘酒となるのは、明治後期から。品評会で抜群の評価を得た西条酒は全国的な人気となる。また、広島県に多数いた海軍の軍人が、全国に西条酒を紹介したり、海運や鉄道など、流通ルートが飛躍的に向上したことなども、西条酒のブランド化における重要な要素だった。また、西条の酒蔵が、旧来の経営体制から近代的な株式会社化したことも、経営の安定に大きく寄与したのである。

戦中の「日本酒冬の時代」を経ても西条酒はブランド力を保ったが、ビールを筆頭にウイスキーやワイン、遅れて焼酎が全国的に普及すると、西条酒の知名度は徐々に低下していった。同時に起こった近畿酒造メーカーの大企業化に対抗しきれず、西条の酒蔵は規模を縮小していく。一気に大ブランドとなった西条酒は、衰退も早かったのだ。

ただ近年では、安い酒は売れなくても、高級日本酒の需要が高まっており、最初から高級路線で成功してきた西条酒はその力を取り戻しつつある。また、海外での日本酒需要も伸びており、これも「下げ止まり」に大きく寄与している。現在では西条酒蔵通りなど、東広島市の重要な観光資源になっている西条酒。第二の黄金期を、これから築いていくのかもしれない。

第3章
突っ走る広島市に弱点はない!?

広電の高架化でまだまだ続く広島駅再開発

40年近くかかってタワーが完成！

本当に最近だ。JR広島駅前は驚くほど姿を変えている。シティタワー広島、グランクロスタワー広島に続き、駅ビルもほぼ完成。駅ビル内の飲食店街は活気にあふれ、「大都市広島の玄関口」にふさわしい賑わいをみせている。

しかし、少し前まで「広島駅前にはなーんにもないけぇ」が広島市民の共通認識だった。そこら中が空き地、駅を少し離れると古い低層住宅。廣島百貨店はあったが、店舗はまばら。それが従来の広島駅周辺だった。広島駅がある場所が、本来の市街地から離れており、また鉄道開通当初は、軍事利用のための駅という側面が強かったことも、広島駅周辺の開発が進まなかった遠因だ。だが、そうした色が薄れた新幹線開通後も、長らく「放置」が続いた。

その後も開発は進まない。現在の再開発計画の始まりはなんと1981年。しかし予算不足、用地確保の難航、バブル崩壊など問題が相次ぎ、最初の大きな再開発ビルであるエールエールA館の完成は1999年。ビル一棟建てるだけで、20年近くもかかっている。そこからシティタワー、グランクロスタワーの完成にまた20年近く。その間も計画はちゃんと動いていたのだが、住民からみると「広島駅の周りでは何もやっていない」という感覚だった。

だが、計画開始から40年近くが経ち、ようやく広島駅は理想の姿を見せ始めた。再開発ビルには全国チェーンの量販店が多く入っているが、ホテル川島など元々の地権者も再開発ビルに再出店しており、昔からの広島もしっかり残している点も特徴的だ。

広電のホームも高架化で2階に

しかし、再開発の本番はむしろこれからだろう。2025年ごろまでには、

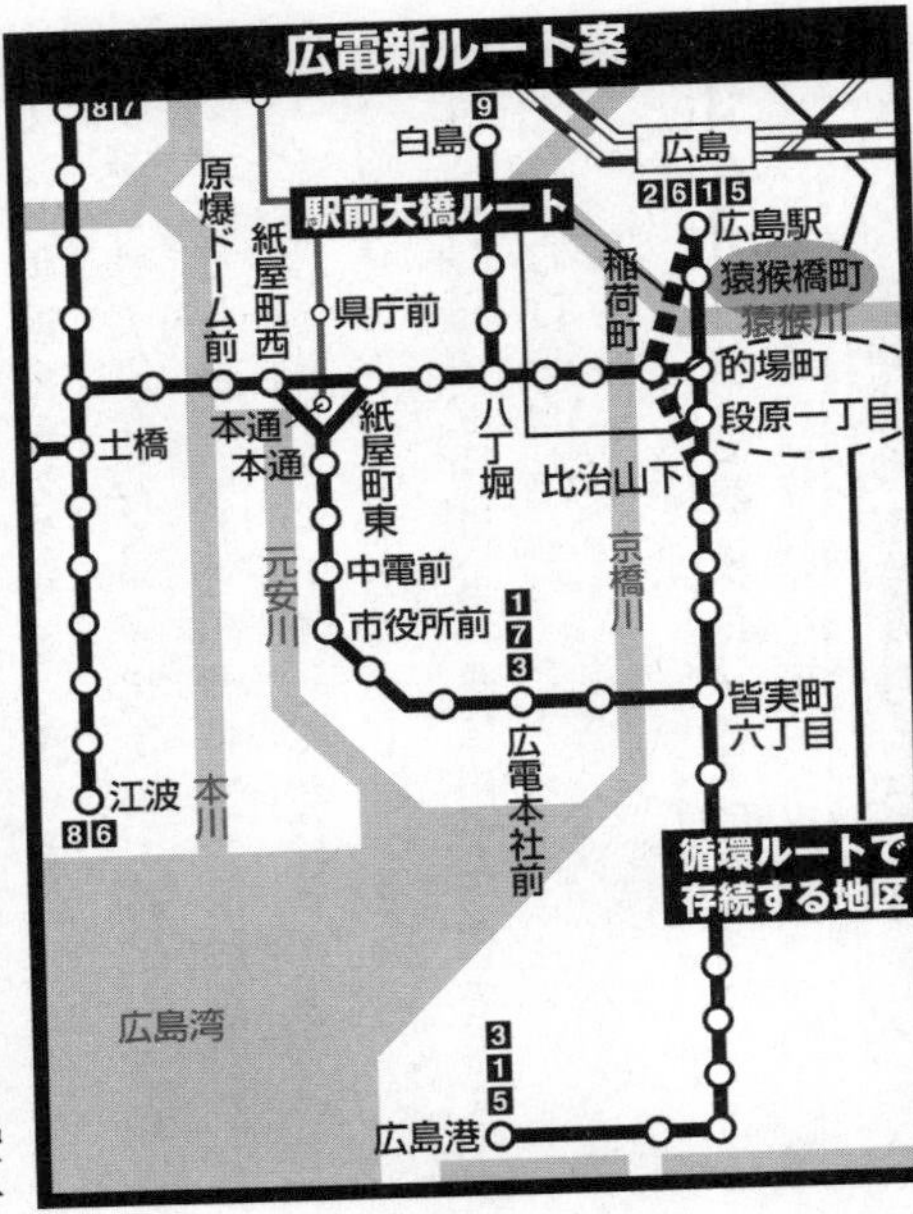

広電広島駅の高架化が完成し、JR広島駅の2階に繋がる。これで市電のおかげで起きる渋滞や、市電とバスの乗り場が複雑で遠く不便といった問題点の解消が期待される。すでにJRの改札は2階に移された。あとは最後のピースがはまるのを待つ段階だ。

これに伴い、広電のルートにもメスが入れられる。猿猴橋町電停など現在のルートは廃止され、比治山町交差点から稲荷町交差点へ繋がる新路線（駅前大橋ルート）をつくり、そこから直接広島駅に到達する計画で決定した。

ただ、この広電再整備計画において、当初はこの比治山、的場町、稲荷町を結ぶ路線も廃止されるはずだった（前頁の地図参照）。しかし、これは地域住民の反対で存続が決定する。ほぼこれまでの路線をそのまま残し、新たに「循環ルート」として整備されることになったのだ。つまり、広電の皆実線は、これまで的場町から直線で広島駅に向かってたものが、今度は一度稲荷町まで「戻って」広島駅へ向かうルートとなり、一部路線では以前よりも遠回りになってしまうのである。

広電広島駅の高架化により、ＪＲ広島駅から紙屋町地区までのアクセスは約4分短縮される。だが、住宅地である皆実町方面からのアクセス時間はかえって長くなりそうな懸念がある。運行頻度についてもまだはっきりとした方針は固まっていないし、再開発の「犠牲」が生まれてしまう恐れはあるのだ。

また、広島駅周辺の充実で、元来の中心地である紙屋町などのエリアが寂れ、一極集中が起こる可能性もあるだろう。すでに、駅北側の二葉地区ではオフィス開発が進んでいるし、周辺の低層住宅地をマンションにする計画などもあるという。これらの開発は望ましいものだが、それが他地区の犠牲を生むとなれば、それは考え物といえるだろう。

※　※　※

2019年11月。長らく検討の続いていた広電の高架化計画はほぼ確定。稲荷町〜比治山下間に新停留場を開設し、猿猴橋町停留場の廃止という、ほぼ当初の計画通りの形となった。完成は2025年が予定されている。

これに伴い、広島駅では早くも新たな大工事が開始されている。この広電高架化とそれに伴う各種整備では、総事業費が109億円でインフラ部分は約83億円、インフラ外部分が約26億円が見込まれているが、要するに30億円近くかけて新駅ビルの整備などが行われるわけだ。

2020年に入って長らく広島駅の駅ビルとして存在感を放っていたアッセは閉館。アッセ内の飲食コーナーは大流行りだっただけにちょっと惜しい気もするが、代わりに店舗面積約2万5000平方メートルの商業施設に大型ホテル、シネコンまで入る駅ビルが建つというのだから期待は高まる。

この計画で特筆すべきは、駅のコンコースに広電がそのまま乗り入れるというシームレスな形。類似の駅に北九州市の小倉駅のモノレール駅があるが、それよりもさらに「そのまま乗れる」形になるという。これだけでJRと広電の接続が1分短縮の予定というが、心理的にはもっと短くなるといえるだろう。

ただ、ちょっと気がかりなのは、これらの整備によって南口の広場が狭まってしまうということ。マツダスタジアムでカープの試合が開催される日は、当然ながら一時的に数万の人が南口を降りるわけだから、現在のようなスムーズな観戦客の移動がそのまま維持されるのかどうかはちょっと疑問だ。

しかし、詳しくは後の頁で触れるが、長らく「荒涼とした」感じだった広島駅北口がビジネス街として整備されつつあることと併せて、北はお仕事、南は買い物といった感じの「振り分け」に成功できれば、そうした懸念も解消される。すでに最大の問題であった南北移動の容易さは確保できているので、広電高架化はそれをさらに拡大するものなので、さらなる相乗効果も期待できる。

さらにいえば、広島駅にはさらなる発展の可能性もある。広島駅周辺の地下街は、今のところ南口地下広場しかない。広島駅の真下は「開発し放題」のまま残されているのだ。まあ、広島市は地盤の関係などで地下鉄の作れない土地なので、これはちょっと夢物語過ぎるかもしれないが、可能性があるというのは悪くない。広島駅の発展には、まだまだ先があるということにしておこう。

広島駅前のビッグフロントひろしま（シティタワー広島）は52階建ての超高層ビルで高さはなんと197メートル！

ホーム数が少なくなれていないと間違えそうな広電広島駅も高架化で使いやすくなる予定

初のアウトレットモールも定着！注目の西風新都のこれから

直通バスなら都心部まで15分

広島市の再開発は、広島駅周辺だけではない。もう本当にあっちゃこっちゃで大規模な開発が進んでいる。こんなに盛んな街は全国的にも珍しいだろう。その中でも、注目を浴びるのが西風新都である。西風新都は都心集中型の駅前整備とは正反対の、郊外住宅地。２０１８年にはイオンのアウトレットモール「ジアウトレット広島」もオープンした。

ジアウトレット広島は、２０１９年頃には一度「落ち着き」をみせて客足が減ったというが、それも一時のことですでに完全に定着した。広島県内では「ここでしか買えない」ものが多く、やはり狙い通り一大商業拠点になることに成功したというべきだろう。また、ジアウトレット広島は、商業拠点のみならず、バスセンターとしての役割も見えてきており、これまで不便過ぎた「西風新都南部」を根本から変える存在になりつつある。

現在、この西風新都の中心部である伴地区、大塚地区へのアクセスルートは鉄道ならアストラムラインの広域公園前、大塚の両駅から「かなり歩いて（しかもキツい坂道）」行くルート。相当な山の上である。当然、住民はそんな苦行に勤しむことなく、自家用車かバスで行く。しかも、西風新都から出るバスは、直通でバスセンターへ向かう路線。ぐるっと回るルートをとるアストラムラインよりも、バスで都心部に直行する方が効率的だ。なんといっても、最速の便なら都心部まで15分程度なのだ。当然、乗用車でも所要時間はほぼ同じだ。

このように、西風新都は鉄道利用においては大きな弱点を抱えるが、自家用車やバスなら通勤、通学にも至便な住宅地なのである。

しかし、現在の西風新都は、まだ当初の計画からすると不十分だ。都市計画が始まったのは１９８０年代終わりだが、当初の期待ほど市全体の人口は伸びず、10万人規模の街を「21世紀初頭」につくるはずが、「21世紀中頃までに８

万人」へと縮小。2020年現在の人口は5万5000人規模である。規模の縮小とともに、事業の赤字も膨らんだ。崖を降りる路線の完成は20年後？　ただ、それでも西風新都は広島市内で「最近人が増えた」「けっこうイケている」といわれる住宅地だ。アウトレットモールの周辺の石内地区は一戸建ての分譲地となっており、販売は好調だという。伴地区、大塚地区と違い、石内地区はアストラムラインの駅から遠く、事実上アクセス手段は車のみだ。しかし、その状況はいずれ変わる。アストラムラインの延伸計画が、本格化したからだ。

新ルートは広域公園前駅から西広島駅までの約7キロ。その間に4駅が作られ、合計6駅の「西風新都線」となる。アウトレットモールも、この鉄道駅ができることを見越して作られたといわれる。

だが、この計画も紆余曲折。そもそも、西広島から石内地区までのルートは「崖」である。普通に考えて、ここを通るのは電車ではなくケーブルカーだ。事前の検討でも「普通のブレーキだと止まらないから特別な機械を入れる」と説明されているなど、かなりの難工事が予測される。

また、困難なルートを通る路線だけに、予算も膨大。試算では「コストを削減した結果」500〜570億円とされており、30年は年間60〜75億円規模の補助金が必要という。確かに、アストラムラインが西広島でJR、広電と接続すれば、「広島大環状線」となり、新たな人の流れが生まれる。自動車必須の生活が不可能な人でも、西風新都に住むことができるだろう。だが、その完成は遠く、目標は2030年代。この頃には、広島市も人口減少期に入っている予測なので、「果たして今からやる意味はあるのか」と疑問をとなえる人も多い。

しかし計画はもう進んでいる。西広島駅ではひろでん会館の解体にともない、着々と「新駅建設」が進んでいる。広電の電停はすでに完成し、西広島駅の改装も進んでいる。

実際、筆者は2020年夏に西広島駅を訪れた際、「ここがどこだかわからない」感覚を味わった。すでに景色が一変し、以前の姿がそのまま残っている所と新しい西広島の風景が、かなりのコントラストを見せている。

アストラムライン西広島駅は、現在のJR駅舎の南側につくられ、広電駅とも一体化させる計画だ。走り出した汽車は、もう止まらない。

国内でも最大級の広さを誇る「ジアウトレット広島」。2階建ての施設だが1階はほとんど地下施設。スケート場なんかもあったりする

大改装中の西広島駅。駅舎以外はそれ以前の景色がほぼそのままなのだが、広電電停の豪華さもあってまったく新しい街に見えてくる

危険な横川と怪しい天神川が人気エリアに変貌中！

サッカーとセンスで徐々に賑わってきた横川

今、広島市内で一番盛り上がっている地域は、おそらく横川だ。治安の悪さを謳われ、暴走族が集まった「広島の街はずれ」の姿はもうない。活発化の震源地は、横川駅から東南方向に延びる横川商店街。現在ここには、昔ながらの商店に混ざりイタリアンやバー、洒落た居酒屋などが増え、若者の姿が目立つ。また、ゲストハウスもあり、外国人観光客の姿も多くみかけられるようになってきた。２０１８年の「牡蠣ングダム」キャンペーンでは「はしご牡蠣ディープタウン」として取り上げられ、街の活性化に一役かっている。

現在の横川の特徴は、「なんとなく変わった人が集まってきて盛り上がっている」ことにある。一般的に、近年活性化する街は、行政や大企業による開発がトリガーとなっていることが多い。確かに、2003年のJR横川駅改装とそれに伴う広電電停の整備により、ターミナル駅としての能力が上がったことは、横川復活の大きな要因だろう。だが、いわゆる再開発は駅ビルまわりのみ。件の横川商店街には、みた目上ほとんど手は入っていない（実際には若者向けアピール、起業支援などが行われているのだが）。

もうひとつ、活性化のきっかけになったと目されているのがサッカー。横川駅から広域公園までのバスが出るようになったのが2007年。それ以降、商店街はサンフレッチェサポーターの拠点となり、2012年には「横川のチーム」である女子サッカーのアンジュヴィオレ広島が設立された。

しかし、これらがきっかけだったにしても、それが「グルメとアートの発信地」に結びつくかというと、その関連性は想像しにくい。やはり、横川という街の潜在能力をかぎつけた「変なヤツら」が勝手に集まってきた、というのが地元の感覚。調子に乗った横川は2018年4月、ついに「横川カンパイ！・王国」として独立を宣言。広島市からせしめた補助金で分離独立運動をするに至った。

さて、予想外の発展をみせる横川は、何が優れているのだろうか。当然、地元の人々や街に集まる人々にパワーがあることが最大の要因だが、よくいわれるのは「交通の便」のよいことだ。現在の広島市民は、基本的に車での移動を好む。しかし「市内」は混雑している上に駐車も面倒。それでいて広電では「不便」だと感じる人が多い。その点、横川は可部方向、西風新都方向など、いわゆる住宅地へ広い道路で繋がる上、JRも広電も使えるという交通万能地域だ。だからこそ、かつては「広島で族が多いのは横川」となったわけだ。

他のニュータウンは横川と違い没個性的

他にも「今熱い街」といわれる街がある。そのひとつが天神川だ。こちらは、横川とは正反対に「正統派」のニュータウン。マツダの「支配地域」である府中町も含まれるこのエリアは、交通インフラの利便性、府中町の巨大イオンという「生活のしやすさ」に惹かれた人が集まってきている。横川のような変人ではなく、清く正しい勤め人が多い。とはいっても、決して没個性というわけではなく、生活の中心はイオンモールに置きつつも、近隣に個性的な店舗が増えていることから、チェーン店だけでは満足しない人々が住んでいることがうかがえる。

他には、アストラムライン沿線の新白島や緑井。西部の新井口と先に紹介した西風新都など、広島市には近年、様々なニュータウンが出現している。その中でも横川がひときわ個性的なのはいうまでもない。攻めの姿勢なら横川、守りならその他のニュータウンという風に、棲み分けができているのだろうか。

※　※　※

商店街のV字回復という「奇跡」を成し遂げた横川だが、そんな街でも守れなかったものがある。2019年6月にリニューアルオープンした横川高架下商店街である。

横川駅の高架下は、1960年代以降多くの飲食店などが建ち並ぶ商店街となっていた。それから半世紀以上。家賃がかなり安く抑えられていたことなどもあり、創業数十年レベルの「老舗」も残る、味のある商店街となっていたのだが、さすがに老朽化が進み、耐震工事が必要となった。

そこで、２０１６年に耐震工事が決定となったのだが、そこで問題になったのは既存店舗の移転問題。もともと、この高架下は市が管理しており、そもそもが放水路建設に伴う補償を含んだものだったので賃料も安かったのだが（基本的に通常相場の３分の１程度だったといわれている）、リニューアル後は貸主がＪＲ西日本に移転。結果として賃料は跳ね上がり、継続が難しくなる店舗が続出した。工事中の移転や代替営業地の確保も難航するため、商店街側は市やＪＲ西と粘り強く交渉を続けたが、その結果は芳しくなかった。なにより、立ち退きの通告があまりにも急だったため、商店街側としてもほとんど準備の時間がとれなかったことが、対立を深めることにつながった。

リニューアル後の横川駅高架下商店街は、印象としてはほとんどの店が入れ替わってしまった。横川の商店会幹部は「商店街が若返った」という「公式コメント」を出しているが、画一的な今風の街ではなく、横川の個性を打ち出すことで成功を勝ち取ってきた経緯からいって、これは一種の敗北といえる。本当だったら、この高架下商店街も、継続の意思があって利益が上がっていた店はもっと強力に援助して、同じ場所に残したかったというのが本音だろう。

横川商店街の眺め。基本的には古い商店街がそのまま残されており、昭和チックな衣料店などもある

緑井にはフジグラン、天満屋など大型店が多数。高層マンションと合わせて新たな街を形成する

広島市民球場とカープの苦難に満ちた戦い

結成から2年で消滅の危機が⁉

戦後復興のシンボルとして、誕生した広島東洋カープ。その歴史は苦難に満ちている。

1950年、日本プロ野球が2リーグ制になったときカープは正式に誕生した。このとき活躍したのが初代監督の石本秀一。大陽ロビンス（現在の横浜の前身球団のひとつ）の監督だった石本は、地元で最後の一花を、と新生カープの監督就任を熱望。しかし、市民球団ゆえに選手集めは困難を極め、石本の人脈でなんとか23人の選手をかき集めるのが精一杯。最初から貧乏チームだったのである。

その後も苦難は続く。1952年のシーズン前、当時7球団あったチーム数を6に減らすべく、セリーグは「勝率3割を切ったチームは処罰」することを決定した。これは事実上、連続最下位のカープを潰すためのもので、発足から3年目にしてカープは消滅の危機を迎えてしまう。これを救ったのが「初代エース」長谷川良平。シーズン前、長谷川には、契約書類の手違いから他チームへの移籍騒動が起こっていた。長谷川はカープファンの熱意に打たれて残留したが、この年11勝を挙げ、ギリギリで3割もクリアした。もし、原動力となるエースが居なくなっていたら、カープは確実に消滅していただろう。

1957年には爆心地にほど近い旧広島市民球場が完成。この立地も加わって、カープは広島のシンボルとして確立していく。

しかしその後も低迷は続いた。球団創設からずーっとリーグのお荷物球団だったカープに転機が訪れたのは1975年。この年監督に就任したジョー・ルーツの改革により、チームカラーを現在の赤に変更。スカウト方針もカープの伝統である機動力と守備力重視に。ルーツ自身はトラブルからすぐに辞任してしまうが、後を継いだ古葉竹識監督のもと初優勝を飾る。ここから、80年代に

広島東洋カープ年表

1871年	横浜の居留外国人とアメリカ軍艦の乗員が野球の試合を行う
1936年	日本職業野球連盟設立
1949年	谷川昇、築藤鞆一、伊藤信之が発起人になりカープ日本野球連盟に加入を申請
1950年	カープセリーグに参加。8位(8チーム中)、勝率.299
1952年	球団消滅の危機を回避
1955年	広島野球倶楽部倒産。新会社株式会社広島カープ発足
1957年	(旧)広島市民球場完成
1958年	古葉毅(古葉竹識)入団
1965年	衣笠祥雄入団
1968年	東洋工業(現マツダ)社長の松田恒次が筆頭株主になり「広島東洋カープに改称
1969年	山本浩二入団
1975年	チームカラーを紺から赤に変更。初優勝
1979年	2度目の優勝。初の日本一
1980年	3度目の優勝。二連覇。日本シリーズも連覇
1984年	4度目の優勝。3度目の日本シリーズ優勝
1986年	5度目の優勝
1991年	6度目の優勝
1993年	津田恒美(恒実)死去
1997年	黒田博樹入団
2002年	金本FA移籍
2005年	野村謙二郎引退
2009年	緒方孝市引退。MAZDA Zoom-Zoom スタジアム広島(新広島市民球場)へ本拠地を移転
2013年	クライマックスシリーズ初出場。ファイナルステージ敗退
2014年	クライマックスシリーズ出場。ファーストステージ敗退
2016年	25年ぶり7度目の優勝
2017年	8度目の優勝。二連覇
2018年	9度目の優勝。三連覇。

※各種資料より作成

続くカープ最初の黄金時代が始まるのだ。

マツダスタジアム移転にまつわるあれこれ

黄金時代は1991年の優勝で終わりを告げる。1993年から始まった逆指名制度など、資金力のある球団に有利なシステムに苦しめられ、カープは23年間優勝から遠ざかることになる。21世紀に入ると、セリーグの下位2チームはカープかベイスターズかという状態になってしまう。

そこからの復活劇は、現在進行形の物語なので特に記す必要もないだろう。しかし、カープ復活は、ただ単に選手やコーチングスタッフが頑張っただけではない。球団や地元広島市の努力によって誕生した、MAZDA Zoom―Zoomスタジアム広島（以下マツダスタジアム）の誕生が大きな役割を果たしている。

カープが貧乏球団だったのは、球団自体の問題だけではなかった。「応援団が恐い」「ファンが荒っぽい」などの「体質」により、女性や子供など、幅広い観客動員をできず、利益が少なかったことも大きな問題だった。

特に応援団は（他の球団でも同様の問題があったが）、暴力団がらみの団体もあり、球団としては「応援してくれるのはありがたいが……」な存在。こうした一部のファンは、一種の既得権益となっていたのだが、マツダスタジアム移転2年目の2010年には排除に成功。球場移転を契機にこうした「改革」を進めたのである。

マツダスタジアムへの移転は、ドーム構想の頓挫、建設業者選定の混乱やヒ素騒ぎとこれまた困難を極めたわけだが、それでも確実に効果があった。旧市民球場への郷愁を消すことはできないが、やはり、過去より今のほうが、カープはより前進している。

※　※　※

長らくほったらかし状態だった旧市民球場跡。この問題の根本はサッカースタジアム計画でも市が最初に出した案がダメダメだったことでもなく、それだけ旧市民球場の存在が、広島市にとって特別だったからなのではないか。

2005年に、現在のマツダスタジアムの建設が正式に決定され、2008

年に最後のプロ野球公式戦が行われた旧市民球場。2007年には、市から跡地利用案が出されたが、選考委員会内でも意見が紛糾。広島市が選考対象とした3案は、いずれも跡地にふさわしくない」とするアンケート結果も出てきてしまい、結局「戦後の広島復興の象徴としてライトスタンドの一部約3000席を保存」「跡地はイベント利用」の暫定措置に落ち着いた。

これを複雑にしたのが、サンフレッチェ広島の本拠地移転問題だ。サンフレッチェとしては、この旧市民球場跡地問題は、かなり渡りに船だった。そもそも、現在の本拠地である広島広域公園陸上競技場は、アストラムラインの端ことという厳しい立地。ここを脱して旧市民球場跡に新スタジアムを建設できれば万々歳だったわけだが、広島県や市はその候補地を南区の広島みなと公園がベストだとしてしまう。広域公園はアクセスがダメだから移転だといっているのに、ともすればもっと悪いみなと公園という話が進んでしまったことで、サンフレッチェは一種強硬に旧市民球場跡地への移転を訴えたわけだ。

とはいえ、旧市民球場跡にサッカースタジアムを建設する案にも問題点が多く指摘されていた。そもそも旧市民球場は狭くて有名だったわけで、高さ規制なども加味して考えると、旧市民球場跡地にサッカースタジアムを建設するには、めちゃくちゃ地面を掘ったり複雑な客席を作ったりする必要があって金がかかるという話。この金銭負担の大きさに、市や県はサッカースタジアム誘致は事実上不可能だとしていたわけだ。

結局、旧市民球場跡地は行政がダメ、みなと公園はサンフレッチェがダメということで、早い段階で候補から外されていた中央公園への移転という「妥協」案に落ち着いたというのがサンフレッチェ広島本拠地移転の経緯である。

スタジアム問題から解放されたことで、ようやくイベント施設、文化施設込みの「大型公園」案に落ち着いた旧市民球場跡地。実際、世界的な遺産である原爆ドームの真向いに巨大公園があるというのはまちづくりとしては悪くないし、言い方を変えれば凡庸な案。結果を見てしまうと、ここまでモメる必要はあったのか、という気分になってしまうが、いろいろ事情が複雑だったこと以上に、それだけ旧市民球場という存在は、広島県と広島市にとって大きかったということの証明ともいえるだろう。

旧市民球場跡地の再開発は、２０２４年までの完成が計画されている。

サッカースタジアム建設計画が中央公園・芝生広場を最終候補としたことで、ようやく再開発計画が進むことになった旧市民球場跡

マツダスタジアムの脇には中沢啓治が晩年に描いた『広島カープ誕生物語』のモニュメントを設置

カープのファン層急拡大！なのに消えない不安

ファンの世代には断絶があるって？

2018年にはついに3連覇を達成した広島東洋カープ。その後は低迷が続いているが、以前に比べ早期の復活が期待できる状況が続いている。

筆者は1975年の生まれなので、カープといえば超強豪のイメージ。北別府、川口、大野が先発だったら諦めてチャンネルを回したのが小学校時代である（筆者は阪神ファンである）。だから、1990年代以降の低迷期を経て、再びカープが最強軍団となっても、なんら不思議を感じることはなかった。だが、現在のカープファン、広島人の中には、こうした「カープは強い」体験のあるなしによる、かなり大きな世代間の断絶があるという。

現代カープファンのコア層は、40代以上と20代以下の２グループに分かれている。実は、30代から20代中盤以降の「暗黒時代」に子供だった層が、かなり抜けているといわれている。

中高年層は、それこそ復興の象徴であったり、山本浩二の栄光であったりと、正しく歴史を踏んできたファンである。ただ、若年層は違う。30代を中心とする、本来もっとも活発にファン活動をやっていそうな「すぐ上の層」が少ないため、そうした「継承」は薄く、突如発生したカープブームになんとなく巻き込まれ、自然とファンになっていった、という若者たちもいるのである。

そうなると当然、若年層は「にわかファン」となる。長谷川良平や山本一義はもちろん、山本浩二や衣笠祥雄も知らないわけだ。どの球団、地域でも、「強くなったら急に沸いてきたにわか」は嫌われるもの。だが、広島ではその傾向は非常に薄いという。

今回の取材では、これについて様々な話を聞けたが、結論としては25～40歳くらいのファンが少ないことが逆に良かった、というものに落ち着いた。悪い言い方になってしまうが、暗黒時代を必死に耐えたファンが「いない」おかげで、「今更来やがって」という感情を持つ人が少ないというのだ。

女性ファンの獲得にも成功して球団のイメージもアップ

今のカープファンは伝統的なガラの悪いファンを完全に排除した存在ともいえる。冷めやすい広島人は、1993年からの「第二次暗黒時代」カープから離れてしまった。だから若い「にわかファン」に文句を言うこともなく（資格がないとも）、中高年層も同じく「新しいファン」として、今盛り上がっているのである。

また、以前と大きく変わったのは、女性ファンが増えたことだ。伝統的に広島の女性はスポーツへの関心が薄く、元々女性ファンは少なかった（旧来のカープファンは荒っぽいので有名だったことも影響していただろう）。だが、今は違う。「カープ女子」は、若年層に多い。それも、最初はメディア等で取り上げられたごく少数のカープ女子に感化され、徐々に増えていったのである。

これらは、球団のイメージ戦略がこの上なく優れていたことの証明だろう。

レプリカユニフォームや各種グッズの展開、球場の雰囲気作りなどによって、ともすれば恐いイメージもあったカープの応援が、明るく楽しいものになった。にわかファンでも怒られたりしない。チームの戦力だけでなく、総合的に完璧なのである。

ただ、それでも球団は、一度弱くなると見捨てられる、という恐怖をいまだ捨てられないようだ。3月にチケットを一括販売していたのも「順位が落ちても利益を確保」というのが目的だという。筆者はそんな及び腰の球団に「なにをそんなに不安がって」と揶揄したが、2019年以降の低迷と2020年の新型コロナウイルス感染症問題に揺れた現状をみると、球団の不安はまったくの杞憂ではなかったようだ。2019年は影響が感じられなかったが、2020年は入場制限があってより一層チケットが取りづらくなった状況にもかかわらず、ちょっと微妙な情報が混ざり始める。今のところ、チームが弱くなったから客が来なくなったという明白なデータはないが、街で話を聞く分には、若者層の「カープへの興味」は、多少なりとも減少しているという。

このあたりも、世代間の断絶がありそうだ。今のカープを支える若いファン

マツダスタジアムへの道は、大量の人が列を作っても問題がないようによく考えて整備されているのも特徴

は、イメージとして「カープは強い」ものだという。カープの伝統的な弱さ、アップダウンの激しさを経験している上の世代に比べ、あまりにも打たれ弱いということは、実際にあり得る話だ。とはいえ、その上の世代だって、暗黒時代に入るとまったく旧市民球場にいかなかったわけで、むしろ歴史は繰り返すというほうが、正確な見方なのかもしれない。でもなあ、2019年以降のカープって、1990年代前半をなぞっているようにも見えて、改めて球団の不安の正しさが証明されつつある。とりあえず投手を立て直せばいけそうなのだが。

ただの地方都市なのに都会人面する広島市民

市内は別格だ！　広島県の特権階級？

広島県において「市内」といえば、それは広島市、それも広電沿線の中心部のみを指す。この市内という言葉は、福山や尾道ですら通用するので（積極的に使われることはないが）、いかに広島市の中心部の存在感が突出しているかがうかがえる。当然、市内に住む人はプライドが高く、広島市は大都会だと考える。本通りにいくことを「街にいく」ということからも、市内以外は都会ではないという意識もうかがえる。最寄り駅が市電の電停である地域は、明確に格が高い「本当の市内」として認識されている。また、市内の「格」は「東京には負けるが、他の大都市と同等で他の地方都市は全部格下」的な感覚である。

近年では、周辺部に新興住宅地ができたり、アストラムラインや高速道路の整備で市内へのアクセス環境がよくなったことで「市内意識を持つ人」の範囲は拡大傾向にあるという。市内の範囲は、確かに市電の走る合併前の旧広島市エリアではあるのだが、周辺地域から市内に通う人々も「自分は市内の人間である」と考えるようになっている。

ただ、これも一律というよりも、いくつかパターンがある。西風新都や緑井など都心部と直結している地域は市内感覚が強い。五日市、廿日市あたりも似た感じだ。逆に、横川や府中町など独立志向の強い地域は逆に市内感覚がない。牛田のような「昔は金持ちが多かった」街は、むしろ中心部を「庶民が商売をやっている街」的な感覚で見下していたりと、様々な傾向をもっているのである。

自慢したいができない広島市民の微妙な感情

市内に対する広島市民、広島県民の憧れもまた高い。不動産情報サイトSUUMOが行った『気になるランキング広島版』の「県内で住みたい市区郡（複数回答あり)」では、中区がダントツの49・6パーセント。2位南区は31・2パーセントで以下西区、東区、安佐南区と続く。トップテン中5位までが市内(外れる地域も含まれているが)である。

これほど圧倒的な人気があるだけに、先に紹介した広い意味での市内人は、自分たちが都会に住んでいるという感覚が非常に強い。だが、それでいながら、都会になりきれていないというコンプレックスもまた強いのである。

広島の大型店には、全国展開をしている地元企業が多いということも影響しているのかもしれない。例えば、エディオン（本社は大阪に移ったが）は広島県内における存在感が非常に強く、他の有力チェーンがあまり入ってこない。このように、「都会ならあってあたりまえ」の店舗が存在しないケースが多いのだ。日本一の電気街である秋葉原にも店舗をもつエディオンは広島の誇りだが、同時に「広島はエディオンしかない田舎」という感覚にも繋がる。

しかし近年では、再開発の進行で、広島駅周辺を中心に、「あたりまえ」は徐々にそろってきた。ジアウトレット広島のオープンで、アウトレットモールもようやくやってきた（イケアはまだないけど）。よくよく考えればパルコはずっとあるし、中心部はオシャレな雰囲気。本通りなど商店街がしっかり生き残っている点は、逆に「都会ならでは」といえるのだろう。

このように、広島市は大都会と地方都市の中間に位置するちょっと中途半端な都市である。広島市における感覚も同様で「本当は田舎だと思っている」という前提を胸に秘めつつ「広島は都会だ！」と自負する。広島市の強い都会感覚は、こうした複雑な感情の上に存在しているのだ。

※　※　※

中途半端なポジションに長くいた広島市。一流の地方都市ではあっても、超一流にはなれなかったわけだ。広島の場合は今は大分リードしているが、近隣にほぼ同格の岡山市という存在があったことも大きいわけで、一概に広島市の責任を問うわけにはいかない。とはいえ、並み居るライバルを破って地域のナンバーワンになった福岡市や仙台市がある以上、あまり甘ったれたこともいっていられないだろう。

が、昨今の広島駅周辺を見る分には、広島県全体はともかく、広島市は着実に超一流都市への道を歩んでいるようにみえる。そして、それを阻んでいるのが、広島市民の「一流未満意識」であるのかもしれない。

筆者は日程の関係で、鳥取県、島根県の取材を終えたその足で2020年の夏、広島駅へとやってきた。その時の印象は「超大都会」である。確かに、衰退が叫ばれ、人口も少ない山陰からくればそう思うわけだが、筆者は生まれながらの東京人だ。その目からしても、広島の「繁栄」は驚異的なものに映ったのである。

後述するが、宮島にいった際も、その「根拠なき自信のなさ」は目についた。要するに、他の「田舎」はもちろん、東京や大阪と比べても、広島市や宮島の人の多さ、新型コロナウイルス感染症問題からの回復の早さは目に見えて優れているのにもかかわらず、肝心の市民はまったくそうは思っていないのである。

結局、街を繁栄させるのはそこに住む住民だ。せっかく巨大再開発が進んで人口が増えても、ある程度の「自信」をもってくれないと、本当の意味での発展は望めない。そういう意味で、今は意識改革が求められるタイミングである。

もっとも大規模な商業施設はそごう広島店とパセーラのコンビか。地下にはアストラムライン県庁前駅が

広島パルコは中・四国唯一のパルコ。各地のパルコは撤退なども伝えられているが、広島では4つ目の新館ができるなど好調

広島のバチカンと呼ばれる府中町の特殊な事情

税金も安くてゴミ出しも楽！

広島県における府中町は、全国にいくつかある「小さくてスゴイ自治体」のひとつであり、疑いの余地もなく特殊地域である。

広島市は戦後、相次ぐ合併でその領域を大きく広げたが、府中町はそれに参加していない。結局、周囲を広島市に取り囲まれ、飛び地のようになっている。

その理由は、世界企業マツダの本社があり、その税収で潤っているからという身も蓋もないもの。マツダ病院はあるし、巨大イオンもできたことで、生活環境はさらにアップ。しかも、そもそもの立地が、広島駅まで徒歩でも行ける程度の場所なので、町内でマツダ本社に勤める人だけではなく、広島市の中心部に職場をもつ人でも通勤に不便はない。他にも府中町は、住民にとってアドバンテージがある。なんといっても、法人税が莫大だから、住民税は安めだし、ゴミ袋の指定がないのでゴミ出しの経費も安上がりと、いいことずくめである。これなら、確かに合併のプランがあっても、住民は賛成しないだろう。近年はマシになってきたが、広島市は長らく慢性的に財政難で、府中町のような「オイシイ」町と合併すれば、府中町の税収を他の地域に投入され、ただの財布として使い捨てられるのは目にみえていた。

このように住民にもやさしい街なので、住宅地としての人気は高い。前出の天神川エリア人気も、事実上は府中町の人気というべきだろう。しかし、こうやって書き連ねると、褒める言葉しかでてこない。だが、どんな街にも弱点はあるもの。今度は府中町のマイナスポイントをみていこう。

ネックは渋滞と坂道の多さ！

府中町の住みにくい点。それは、最大の強みであるマツダにひとつの解が求める。マツダは巨大企業だ。当然たくさんの社員が通っている。そのため、通勤時間などは「マツダ混雑」が起こり、町内および周辺広島市の道路は常に渋滞する。

また、鉄道網にも問題が。府中町民が使える駅は、山陽本線向洋駅、天神川駅、芸備線矢賀駅の3つだが、これが西南部に固まっている。駅近くの住民なら問題ないが、府中町の大半の地域は鉄道不毛地帯。代わりにバス網が充実しているのだが、前述の通り常に渋滞するので色々と不安定だ。よって、通勤には自家用車を使うのがベストなのだが、これも当然渋滞にひっかかる。国道や県道を除く道が狭く曲がりくねっており、短い距離でも油断はできない。広島駅まで車なら15分程度がカタログスペックでも、実際は倍以上かかることも。

また、イオンなど巨大ショッピング施設があることから、飲食店を除く商店街は衰退気味で、結局普段の買い物はイオンとなる。このイオンも町内の西の外れにあるため、東部の住宅地からの買い物なら、やっぱり車が必要。つまりこれも渋滞に悩まされる。生活のすべてが渋滞と共にあるのが、府中町の日常なのだ。

マツダの本社に病院、そしてイオン。衣食住から勤務先まで揃った完璧な街が府中町だ。莫大な法人税で小さな町はウハウハだ

他にも、公立の小中学校の評判がイマイチだとか、大動脈の国道2号がすぐ近くを通っているため、夜は暴走族でうるさいなんて話もある。まあ、昔は府中町といえば、横川と並ぶ暴走族の集結地だったわけで、だいぶマシにはなっているのだが。

ちなみに、府中町1LDK賃貸相場は6～7万円。便利な天神川エリアは当然7万円程度となる。これは中区を除く「市内」よりもちょっと高めの金額だ。不便な点も案外多い府中町に住むよりも、「都会」な市内のほうが家賃は安いのである。思ったより評価が難しい街、それが府中町なのである。

府中町南部の向洋駅。利用者の多い駅だが街の機能がイオン周辺に集まっているため意外に不便

幾度も広島市から合併を申し込まれながら毎回断っている府中町。まあそらそうだなとしか…

実力都市・廿日市の思惑は過疎地域の切り捨てか？

意外に完成度の高い広島の郊外都市

平成の大合併で、巨大な市となった廿日市市。廿日市市といえば宮島。広島最大の観光地である。ちなみに宮島の島の名前は、厳島。毛利元就飛躍の舞台となったあの厳島だ。しかし廿日市市は宮島だけではない。廿日市には巨大ゆめタウンが出現し、人口減少を食い止めて再度発展期に入ったし、宮島口のある大野には、高層マンションや住宅が増え、ベッドタウンとしての機能が充実している。また、廿日市市は工業都市としての性格も強く、就業人口約5万5000人程度に対し、広島市など市外へ通勤する人は約2万5000人、市内で勤務する人は3万人規模。市内で働く人の方が多く、純粋なベッドタウンというわけではない。ちなみに、市外から通勤してくる人は約1万3000人となっている。つまり、廿日市市は元々の産業に、数万人のベッドタウン族を追加した街なのだ。そこには1970年代中盤頃から旧廿日市市で始まり、旧大野町が遅れて開発されていったという経緯がある。こういった、ベッドタウンと地元経済の両方をもつ廿日市市は、実際かなり暮らしやすい。なんといっても広電が利用できるのがポイント。当然通勤や買い物などで広島市へいく際は、速度の速いJRを使う方が便利なのだが、目的地によっては最初から広電を使う方が楽な場合も多い。

重要なのはそうした選択肢があることなので、その意味でも、広電がここまで「来てくれる」大きな要因である宮島さんには感謝してもしきれないのが廿日市市なのである。

合併で過疎化が加速！　もうどうしようもない？

とはいっても、沿岸部の廿日市、大野に比べ、他のエリアは島と山間部。こうした大規模合併にありがちな「新しい市の中心部に人口が吸い取られる」現象は、やはり起こってしまった。予想通り、佐伯、吉和、宮島の各エリアでは、合併後人口が大幅減少。地区によっては完全な過疎状態も生まれてしまい、対策に苦慮することになっている。

過疎地域となっているのは、主に吉和と宮島。ただ、過疎に至る過程はそれぞれ違い、吉和は高度経済成長期、宮島は戦後すぐから過疎化が始まっている。合併は、これら困難を抱えていた旧自治体地域の救済という目論見もあったが、その意味ではさらに過疎を加速させてしまった。市も当然手をこまねいているワケではなく、2016年から2020年までの5年間で「過疎地域自立促進計画」を進めている。

ただ、悲しいかなこの自立促進計画も、計画書を読む限り「道路や橋梁などの補修」「住宅の維持管理」などを支援するものが目立ち、派手な復活策というような印象は受けない。

まあ、実際お金をかけてやるだけの価値があるのかといわれてしまうと、冷たいようだが正直微妙なのも確か。ただ、宮島も吉和も観光地としての重要性

駅前ロータリーを整備中のJR廿日市駅。現状では広電廿日市市役所前電停のほうが栄えている

は高い。維持管理さえしていれば、観光地としての能力は下がらないので、それだけでもありがたいといえる。

実際、廿日市市どころか広島県の宝である宮島では、鹿が暴れて大変なんていう問題が起こったりしているわけで、市のホンネとしては、過疎はもう諦めて、そういう対策だけしっかりしようということなのかもしれない。

合併によって面積は増したが、市の構造はコンパクトになりつつある廿日市市。ＪＲ廿日市駅の改修も進んでおり、今後この市内における一極集中傾向がますます進んでいく可能性は、かなり高いとみるべきだろう。

観光拠点の宮島口だが、案外高層マンションが増えている土地だったりする。住民は今も増加傾向

市役所周辺は巨大なゆめタウンの開店で利便性が増し、かなり都会っぽくなった。再開発の範囲は今後周辺に広がっていきそうだ

広島市周辺観光は宮島がやはり中心

世界遺産登録と大河ドラマが効いた

旧宮島町の過疎化は進んでも、宮島観光は安定している。新型コロナウイルス感染症が拡大した２０２０年でも、他の観光地に比べ客足の回復スピードは驚異的。当の宮島住民は「（観光客が少なくて）寂しくて仕方がない」などというが、他と比較してしまえば「甘ったれるな、十二分に立派だ」という評価が、おそらく正しいのだろう。

このように、絶大な底力を発揮している宮島観光は、近年飛躍のきっかけとなるできごとが相次いだ。まず、最大の契機は１９９６年の嚴島神社の世界遺産登録だ。ただ、このときはバブル崩壊の影響が如実に出始めた時期だったということもあり、1997年に来島者が300万人を超えて以降、しばらくは200万人台の観光客しか呼ぶことはできなかった。

近年の大きな契機は2012年の大河ドラマ『平清盛』だ。ドラマ自体はあまり視聴率を稼げなかったが（いや、出来は近年の大河の中ではかなり良い方だったのだが……。この話は長くなるのでやめておこう）、宮島への来島者数は、2011年の約363万人から、約404万人へと激増した。仙台、鹿児島など大河を契機に大きく観光産業が伸びたケースは多いが、宮島にも確実な恩恵はあったのである。

次が2016年のオバマ元大統領の訪問だ。このあたりから一気に外国人観光客が増えたので何かしらの関係があるだろう。2015年は約402万人だった来島者数は、2016年には約427万人と、25万人の増加。これによって宮島ブランドは高値安定したようで、翌2017年には約456万人とさらに30万人近く増えている。

世界遺産登録は、即効性こそなかったが、20年後に海外からのインバウンド激増という華につながった。同時期に、カープの優勝や「自虐キャンペーン」

など、広島県全体が活性化したことの相乗効果も大きいだろう。しかし、その受け入れ態勢には、まだまだ問題が山積みなのだ。

神社以外は全スルーする宮島観光と過疎の関係

これまで見てきたとおり、宮島では過疎化が進んでいる。宮島観光が盛り上がり、ここ20年で100万人以上の観光客増加が達成されているのに、なぜなのか？

これも先に触れたが、観光客はきても日帰りか1～2泊がせいぜいで、地元にお金が落ちないことが大きな原因となっている。しかし、それは単純なホテルの少なさなどという問題ではなく、もう少し過疎化と絡めて考える必要があるだろう。

過疎化の影響の中で、よくフィーチャーされるのが空き家問題。廿日市市は宮島の中心部を重要伝統的建造物群保存地区に選定しようとしているが、600軒近くある対象地区の建物の内、2割以上がすでに空き家。歴史的建造物というよりも、歴史的廃墟という状態になっている。

これをみた450万人の観光客のうち、少なからぬ数ががっかりして帰って行くことだろう。厳島に上陸しても、神社だけ観て即帰宅となるのは必然。本当ならこれらの空き家を市なりどこかの企業なりが確保して、歴史的建造物を使ったゲストハウスなどにすればいいわけだが、飲食店を増やすなど、「周辺環境」の整備もワンセットで行わなければだれも宿泊してくれない。

また、観光地というものは、本来「その土地で元気に暮らしている人と交流する」ことも重要な要素。せっかく盛り上がっている観光のために過疎化対策をするのだということを、市や住民たちは、もっと前面に押し出した方がいいのではないだろうか。

つまり、理想をいえば、県をはじめ、関連機関すべてが協力し、空き家利用などを核とした宮島における観光産業を新たに構築する、ということだ。折しも、2020年に爆発した新型コロナウイルス感染症問題の影響で、都市部から比較的近い観光地からオンラインで仕事をする「リゾートワーク」なんていう概念も登場している。宮島は、今でもすでに広島市などへの出勤が可能な「ち

最盛期ほどではないにしろ、すでに客足が戻りつつある宮島。鳥居の修繕をこの時期に突っ込めたのも、効率のよいタイミングだ

ょっと遠い住宅地／かなり近い観光地」だ。そろそろ、広電宮島口駅の再開発も本格化しそうな気配なので、これを機に宮島、宮島口一帯を、観光のみではなく、ゆとりのある生活空間として再整備することで、すべてが合わさった廿日市市が完成する可能性もみえてきている。

空き家問題は、確かに深刻だが、リゾートワークの受け入れ施設と考えれば逆にお得な存在にもなり得る。何事も物は考えよう。そうしたチャレンジをする力が宮島にはあるのだから、とりあえず検討だけはするべきではないか？

広電宮島口駅前は再開発の準備が整ったところ。駅舎の移動や商業施設の建設などが予定されており、船着き場との一体感が高まる

宮島の参道は、確かにインバウンド向けの改装もされているが、完全なインバウンド仕様になりきったわけではない

大竹と岩国の「合併構想」は実際どうなのよ

本当に工場しかないストイック過ぎる街だ

大竹市というのは不思議なトコロである。広島市からは遠く離れ、最寄りの大きな都市は、山口県の岩国市。地図で見る限りは岩国のオマケのような印象すら覚える。

そんな大竹市の面積は、そこそこ広い。広いけれども、そのほとんどは山林である。街が広がり、人が住むのは一部に限られている。

地図では、沿岸部にある僅かな街と工場地帯は、岩国市と一体化して見える。完全に岩国市に依存した町。たまたまふたつの県に、またがっているために難しいかもしれないが越県合併の構想も口にする人がいるのではないか。

さて、そんな大竹市は駅を降りるとケミカル臭がする時代もあったと、地元出身者に聞いた。「以前は、工場が栄えていたが規模も縮小し、今はさほどケミカル臭はしなくなった」という。

そうはいっても、大竹市を支えるのは沿岸部の工場。三菱ケミカル。三井・デュポンポリケミカル。三井化学の巨大な工場がずらりと並んでいる（なお、三井化学の工場は地図上では敷地の半分くらいが、大竹市だけれど、大竹市民は山口県だと認識）。

これらの工場こそが、大竹市のほぼすべて。というのは、街には名物もなければ、有名観光地もない。ただ、工場とそれによって生み出される工業製品だけが街の誇りというストイックな生き様がある。なにしろ、大竹駅を降りると、どこの駅でもありがちな土地の産物を展示している一角があるのだが、すべてが工業製品なのである。

でも、これだけ工場があるならば、そこで働く労働者の数も多いはず。なのに、大竹市の「繁華街」と呼べるところは、ごく僅か。飲み屋も少ないし、遊べる店など皆無なのである。工場や駅周辺には、古めかしいアパートから、高層マンションまでがある。工場があることで住居の需要は高い。なのに、街になにもないとは……。「なにか、外でご飯を食べるとか酒を飲むときには岩国にいく。この土地では、あえて近所で済まそうという習慣がない」。

そう話すのは、今回案内してくれた代々の大竹市民。もともと店が少ないからか、そうだから店が少ないのかはわからないが「大竹市の人には、外食をしようという習慣があまりない」という。

わずかに駅で2駅。おまけに本数も多い山陽本線で繋がる岩国市は、繁華街の広がる都市である。観光地として栄える側面もあるし、米軍基地がある関係か、人口規模に反してシャレた雰囲気の店も、いくつも見受けられる。

大人は車で、小中学生は自転車で、気軽に岩国にいくことができるから、普段の街は住んで、働いて、寝るところだけでなんの不自由もないわけだ。

しかし、生活の多くの部分を岩国市に依存しながらも大竹市の人々の意識は、あくまで「自分たちは広島県民」である。「普段の外食とか、ちょっとした買い物ならば岩国で済ますけど、いざ、なにか買い物をしようとしたら、広島市まで出かけて八丁堀あたりで済ませますよ」

大竹駅周辺には人の姿も少なければ店もほぼないという状態。お腹を空かせて駅を降りても食事に困る

普段の生活を依存しながらも、決して飲み込まれない意志の原点は、江戸時代に遡る。江戸時代、大竹は広島藩の家老・上田氏の知行所が置かれていた。対して、岩国は長州藩の支藩として、吉川氏が治めていた土地。国境の最前線地帯だったのだ。そして、国境の悲しさ、大竹の街は長州戦争の際に焼かれてしまっている。

それを恨まないまでも「利用はするけれど岩国には飲み込まれない」という大竹市民の心情を生み出しているように見える。全国的にも合併すると便利になりそうな土地かと思いきや、現地にはそんな気配はないようだ。

かつては町中にケミカルな匂いを漂わせていたという工場群。古くからの住民にはアパート経営者も多い？

もっとも近い繁華街であるはずの岩国市だっていつも繁盛しているかといえば疑問。広島市とはケタが違う

広島県コラム ③

廃止されたJR三江線の悲しい歴史

鉄道路線の廃線は、地域に甚大な影響を及ぼす物だ。しかし、2018年に敗戦となったJR三江線の場合、それが当てはまるかどうかは疑問が残る。

三江線は、かつて三次市と島根県江津市を結んでいた路線。そのまま三次線に接続するわけで、山陽と山陰を結ぶ貴重な路線だったのだが、ご存じの通り三次市はあの立地だし、江津市は「東京から最も時間がかかる市」を「売り」にしているような市である。利用状況は当然少ない、そんな路線だった。

この路線は、長きにわたって瀬戸内海と日本海を結んでいた江の川水運の代替路線として1930年代から建設が始まった歴史のある路線である。だが、厳しい地形もあって建設は難航。全線開通は1975年（線路はできても途中の進行が未完成だったので直通運行開始は1978年）と、えらく時間がかかってしまった。そして、開通を迎える頃には、すでに時代は自動車を主役に選ん

でいた。1968年、当時の国鉄は、不採算路線などをリストアップし、廃線の検討を行ったのだが、なんとそこには、全線開通を目前に控えた三江線も入っていた。開通前から「もうやめよう」の声が上がっていたのである。

こんな状態だったから、開通後も客足は伸びない。1980年代時点で、1日の平均通過人数。つまりおおよそ「全線の利用者数」は500人弱。1990年には250人台にまで低下し、2006年以降は2桁。つまり100人も利用しない状態だった。

「不人気」の理由は、なんといっても時間がかかりすぎること。同時に、お決まりの沿線の過疎化や、災害が起こった際のリスクが大きすぎるなど不利な条件が多すぎた。2006

年と2003年には豪雨で全線が不通になるなど、最近でも災害への対応力への低さが露呈しており、廃線騒動を見るにつけ「廃線などけしからん！」と文句をつける筆者のような人間でも「しゃあない」と思ってしまうような路線だった。

さて、このような「お荷物」路線だった三江線だけに、JR撤退後の第三セクターによる継続運行などもなく、そのままきれいに廃線となった。しかし、線路や駅舎はまだ残っているし、沿線は風光明媚。これをなんとか活用できないかと、島根県邑南町を中心にNPO法人「江の川鐵道」が立ち上がり、残された線路にトロッコを走らせたり、駅舎を町が買い取って公園にしたりという動きもあるが、広島県内での動きは鈍い。目下の課題は線路の撤去や、さらに代替手段がバスになったことでさらに使いづらくなった地域の交通整備などだが、そもそもが不便だったので影響は最小限というのが正直なところなのだろう。

敗戦前の「特需」はあったが、広島県的には特に問題もなく廃線となった三江線。跡地は「破れて山河あり」な状態となっている。すでにその記憶は薄れつつあり、ほどなくして三江線も「幻」となって消える運命にある。

第4章
暮れなずむ呉は
このまま暮れるのか

衰退著しい呉が抱える本当の問題

商店街のにぎわいは再び取り戻せるのか

2020年8月現在。呉市の人口は、21万9460人。広島県内では第3位の人口である。でも、呉は、もっとスゴかった。かつては東洋一の軍港といわれた呉。前の戦争中には呉の人口は40万人を突破していた時代もある。もともと呉は広島と肩を並べる規模の都市だったのだ。その時代から見ると、明らかに衰退している。でも、戦争景気で賑わった時代と比べるとわかりにくい。じゃあ、ここ10年20年ではどうかと聞いてみると……。やっぱり、街は衰退しているという。

「昔は、れんがどおりのポポロは東京でいえばパルコのイメージ。周辺も大いに賑わっていたのに、こんなことになるとは」。これは、呉出身者に聞いた話。いまだにポポロに映画館があるあたり、衰退一辺倒ではなく踏みとどまってはいるのだろうけど、やはり厳しさはある。

もっとも厳しさを感じさせるのは、呉駅の北口だ。２０１３年に閉店したそごう跡地はずっと空きビルになったまま。駅の南口が、大和ミュージアムもでき大いに栄えているというのに、北口はとにかく人がいない。８階建ての巨大なビルがずっと閉鎖されたままなのだから、沈滞ムードをぬぐうことはできない。現在、建物と土地の一部を所有するそごう・西武が地権者を取りまとめ、一括売却の後に後継事業者を募集する……と、いうことにはなっているけれども、具体的な方針はこれからだ。

「平地に乏しい呉は土地も高いし、新しい商売もやりにくい……」。そんなことを話す地元の人もいる。実にその通りで、市町村合併によって市域は広がったとはいえ、人が集まる街となりえる地域は限られている。レトロな店は、とても充実していて訪れる人を楽しませてはくれる。でも、そればかりでは普段遣いの人を寄せる要素にはなりにくい。

海上自衛隊の人に、やっぱり呉に寄港したら呉の街中で遊ぶのかと聞いてみたら「流川に繰り出すんじゃないかな……」という話も。

確かに歓楽街はレトロでいい。でも、レトロなお店で化粧で化けた老女（想像です）を相手に酒を飲んで楽しい人ばかりじゃないだろう。レトロな雰囲気は呉にとってなくてはならないものだし、これがなくなっては意味がない。

では、新しい人が店を始めやすい環境かといえば、これも疑問だ。

いまや、ポポロのある中通商店街では組合員の半数超が65歳以上。２０２０年には、もっと多くの店が消滅する可能性が高い。けれども、若者が空き店舗を借りて商売を始めようとしても家賃、光熱費、組合費などがのしかかる。

人が入れ替わって商売をやる環境がないため、ただ店が減っていくだけ……これは、全国の地方都市の商店街で起きている現象だ。酷いところになると、アーケードの中にも拘わらず建物が取り壊されて駐車場になり完全に終わった感を出しているところもある。呉の商店街はまだ、そこまで堕ちてはいないからこそ、危機感を持ち改善策を練っているのだろう。

近年、観光都市として注目されるようになった呉市は、活性化のチャンスに

これまで当シリーズで酷い商店街を見てきた経験から呉はすごく賑わってる感が。みんなこっちも観光しろ

は恵まれているといえる。豊富な観光客は既にいるのだから、商店街などにも流す回遊ルートを考えればいいのだ。

大ヒットした映画『この世界の片隅に』は、観光客が大和ミュージアムにいくだけではなく、呉の街をうろうろと楽しむ機会を生み出した。でも、さらに映画でと目論んだのか取材の際、呉の街のあちこちに貼られていたのはオール呉ロケのヤクザ映画『孤狼の血』のポスター。「また、呉がヤクザの街だと思われる……」とは、地元民の言葉。それでも注目されるのは、ウレシイよね。

呉にやってくる観光客の大半は大和ミュージアムに直行直帰

大和ミュージアムは混雑していて警固屋にいったら一人だけ

呉市のにぎわいの問題点は、観光客が訪れるスポットが限られていることに尽きる。

筆者はこの本の取材以前より幾度か呉は訪れている。そのうち一度は、ゴールデンウィークの最中であった。ゴールデンウィークに限らず、休日となると呉を訪れる観光客の数は多い。

その観光客が目指すのは、まず大和ミュージアムだ。公表されている最新の2019年のデータでは、90万8353人が来館。2018年のアンケートでは、広島県内からの来館者は17・5パーセント。それより多いのは関東の19・

８パーセント。近畿も19・７パーセントと多い。つまり、大和ミュージアムは県外からやってくる観光客が８割弱を占める、人気の高い観光施設だ。

２０１５年のゴールデンウィークに訪れた時はとにかくすごかった。ミュージアムに入る前、切符を買う時点でもう行列。中に入ったら芋洗いで展示を見るのも一苦労。隣のてつのくじら館も同様だ。

お腹が空いたので、近所の店で海自カレーを食べようとしたら、一時間待ち（……ミュージアムの前の露店で売ってた、大和むすびは美味かった）。

そして、その観光客の流れは向かいにある、ゆめタウンにも。ゆめタウン内にも伊４００のパッケージのお菓子とか特設コーナーが設置されて大賑わい。

でも、この賑わいには問題があるなと感じた。人で溢れているのは、呉駅の南の一角だけに限られているのである。少し離れた、れんがどおりの商店街には、観光客の姿はない。ここには、大和ミュージアムの姉妹館という位置づけで、松本零士の作品などを展示するヤマトギャラリー零がある。それでも、徒歩15分弱をかけて歩いてくる観光客は限られている。

大和ミュージアム周辺以外で観光客の姿が目に付いたのは、潜水艦が間近で見られる、アレイからすこじま。あとは入船山記念館くらいである。

筆者は、この時に警固屋にある青葉終焉の地碑にどうしてもいきたくて現地を訪ねた。30分くらい碑の前で感動していたのだが、時折通り過ぎる車以外に、人の姿を見ることはなかった。その後訪れた大和を建造したドッグを見下ろす歴史の見える丘も同様だ。

これは、回遊ルートが確立されている・いないの問題ではない。とてつもなく、もったいない。

海軍関係の施設・遺構だけでも呉には見どころがいっぱいだ。大和ミュージアムだけで満足している場合ではない。熱心な人は、フェリーで江田島まで渡り、第一術科学校、すなわち旧・海軍兵学校の見学もするだろう。こちらも、大抵の人は見学を終えたら、そのまま呉へとUターンしてしまう。けれども、さらにバスを乗り継げば、軍艦利根資料館のような施設もある。

つまり、呉が観光アピールする上でもっとも耳目をひくはずの軍港関係の史跡は、まだまだ宣伝が足りていないのだ。ちょっと頑張ればいきやすいところから、努力しなければいけないところまで、もっとアピールが必要だろう（到

大和ミュージアムに隣接するてつのくじら館では潜水艦の中を見学できる。これ以外にも呉には興味深いスポットが多数存在する

達には努力が必要だが、筆者が一度は訪れたいのは情島にある戦艦日向の慰霊碑である）。ただ、ここ数年で状況は確実に改善している。『この世界の片隅に』のおかげで、観光案内所には、三ッ蔵と共に青葉の碑への行き方案内も常設されるようになった。

すでに大和ミュージアムも開館から十数年。戦時中をより深く知り、感じたいと考えて呉を訪れる人も増えているのだと思う。軍港として発展してきた濃厚な歴史を持つ呉。歩いているだけで、いくらでも発見があるということを、もっと内外に向けてアピールすると楽しいはずだ。

呉のローカルフードはピカイチなのにPR戦略はお粗末

美味いモノ多すぎ！　名物は意外に地味

呉でイチオシの名物といえば「海自カレー」である。「海軍カレー」ではない。この「呉海自カレー」、ネーミング的には伝統のご当地グルメっぽいが、生まれたのは2015年と比較的最近である。そもそも呉市役所でカレーのイベントを開催しようという話が出た時に、限られた予算の中で生まれたもの。市内の飲食店に海上自衛隊各艦艇の、自慢のカレーのレシピを伝授してもらい提供しようというアイデアが、事のはじまりだったという。そしてこれが大当たり。なにしろ、各艦に伝わるそれぞれの秘伝の味を陸で楽しめるというのだから、戦艦マニアじゃなくてもそそられてしまう。

２０２０年10月時点で海自カレーを提供する店舗は29店舗。ちなみに各店舗でカレーを食べるとシールが貰え、集めると景品に代えられるのだが、29店舗コンプリートはかなり至難のワザ。とりあえず今回、取材中にちょうど昼時だったので潜水艦基地前の某店でカレーを注文したら、平日のランチタイムはカレーにピザ食べ放題付き（＋ドリンクバー）だったので、シール集めは早々にギブアップとなってしまった。一般に「名物に美味いものなし」とはよく言われる。でも、もともと呉は軍港として多くの人が出入りし、栄えた歴史を持つからだろうか。とにかく、何を食べても美味いのだ。でも、そんなに美味いものが多いのに、ＰＲは不足しがちのように思われる。先の「海自カレー」だって、街のあちこちにのぼり旗が立っているのかと思いきや、意外に控えめなのである。

アピール不足過ぎ！　呉はもっと自慢すべし

呉の名物で意外に知られていないのが海産物。たとえば牡蠣。広島産の牡蠣はよく知られているが、実はむき身・殻付きの両方で生産量がもっとも多いのは呉。だというのに広島＝牡蠣のイメージはあっても、呉＝牡蠣のイメージはない。しかも呉の牡蠣は生産量が多いだけでなく、美味と来ている。

瀬戸内海の牡蠣は、一般的に生よりも調理したほうが美味い。今回訪問した居酒屋で、その日仕入れていたのは音戸の牡蠣。どうやって食べるのが美味いかと尋ねるとホイル焼きを勧められた。ホントに美味いのか、牡蠣は牡蠣だろう……と見くびっていたら、詫びなければならないほどの美味。いやはや、こんな最高の食材が獲れるというのに、呉は2017年になってアピールを始めたのだとか。なんとも動きが遅すぎる。

他にも「がんす（平天の天ぷら）」など、美味すぎる名物が溢れている。でも、そうしたどちらかといえば、観光客が喜びそうな食べ物ばかりが美味いわけではなく、日常的な食の充実度もケタ違いなのだ。その象徴が市内で俗に「三大食堂」と呼ばれる食堂。もはや、大都市圏では絶滅危惧種になっている昔ながらの老舗大衆食堂が、いまだに3軒、現役で営業中である。ちなみにそのうちの1軒に、朝8時のオープンにあわせて入ってみたら……客の自由度がハンパ

どこにいっても美味しそうなカレーの匂いが……とはならない、控えめな感じも呉の魅力。屋台も味がある

ない。鶏肉のスープとご飯を注文し、サラサラと食べている人。湯豆腐を注文して、朝から一杯やっている人などなど多種多彩。どうせなら観光案内所は、こういう味のある店の存在をもっと強くＰＲしたほうがいいのでは？

何せ呉は街のアチコチにキャラ立ちした店が多すぎなのだ（ちなみに筆者が泊まったゲストハウスの下の階は「漫画読み放題・駄菓子食べ放題のバー」だった）。

外向けのアピールに力を入れている呉だが、まだまだアピールすべきものはたくさんあるようだ。

どこの店舗もカレー以外のメニューも美味しそうだし、ピザ食べ放題の罠とかも。胃袋の限界に挑戦したいね

連休中の大和ミュージアム前で発見。これを食べれば気分は乗組員。俺はまだアメリカに負けを認めないぞ

自衛隊に頼り切り？軍港都市・呉の実情

人数は減ったけれどもお金はたくさん落ちている

かつて東洋一の軍港といわれた呉。前述のように、戦時中には人口40万人を超える、日本有数の都市に進化した時代もあった。現在でも、海上自衛隊の重要な施設が置かれる呉は、軍港である。でも、自衛隊のおかげで大賑わいかといえば、パッと見た感じはそうでもない。自衛隊の艦船が港につくと、大勢の水兵が上陸して賑わう、みたいな光景は既にない。そりゃそうだ。現在の海上自衛隊の保有艦船で最大の大きさであるいずも型（よく話題になるヘリコプター搭載護衛艦）でも乗員は約５２０人。前の戦争の時と違い、乗員が少ないのだから、これは当然。

軍港・呉の歴史

1889年	呉鎮守府開庁
1897年	呉海軍造船廠で最初の軍艦・宮古進水
1903年	呉海軍造船廠と呉海軍造兵廠が合併し、呉海軍工廠設立。呉線の呉〜広島間開通
1919年	戦艦・長門進水
1922年	ワシントン軍縮により人員整理を実施。3989人退廠
1923年	呉海軍工廠広支廠分離独立し、広海軍工廠設立
1931年	ロンドン軍縮により呉工廠で2割、広工廠で人員1割を整理
1940年	戦艦・大和が秘密裡に進水
1945年	3月以降、数度に及ぶ空襲で呉軍港壊滅
1950年	旧軍港市転換法公布
1952年	海上保安大学が東京より移転し入学式
1954年	海上自衛隊呉地方隊・呉地方総監部発足

※各種資料により作成

でも、人数が少ないからといって経済効果が少ないというわけではない。呉市内にある海上自衛隊の施設は、17カ所。自衛隊施設のある市町村には、国から様々な支援が行われる。基地交付金・調整交付金・特定防衛施設周辺整備調整交付金・民生安定施設の助成などが、それだ。呉市では、毎年3億円弱を受け取っている。

これに加えて、基地から入る固定資産税の収入もある。また、呉市内にアパートを借りて住民票を置いている隊員からの住民税も入る。とりわけ自衛隊員の支払う住民税は、市の住民税の一割に達する。ここに加えて、艦艇の修繕費や糧食費。出入りする水兵が街で落とすカネなどなど……。呉総監部では、基地の呉の街への経済効果は毎年332億2000万円程度としている（『中国新聞』2014年9月2日朝刊）。

今回の取材中に出会った、久しぶりの上陸でホッと一息ついている若い自衛官と話したら「許可が出たので、呉でアパートを借りられることになった」という。若い隊員には、寄港する港にアパートを借りる者も多いが、自衛官の中には退職後も呉市に住み着く者も多い。呉地方総監部の調べでは、呉基地で退職した隊員の約4割が呉にとどまるという（『中国新聞』2014年9月6日朝刊）。自衛隊の存在は、単なる経済効果だけではなく、呉の街に様々な新しい風を吹き込む。呉基地所属の自衛官は約6000人。それだけの数が、日々、呉の街にお金を落とし、かつ地域コミュニティにも協力する。呉が凡庸な寂れた地方都市にならないのは、やはり自衛隊のおかげだ。

そんな自衛隊は、観光資源としても価値が高い。例えば、江田島の第一術科学校。すなわち旧・海軍兵学校は、最大の見せ場。なにしろ、全国でここにしかないのだ。

かつて筆者が訪れたのは平日の最初の時間の見学会。平日まっただなかだというのに、10人近い見学者が。ここは本当にすごい。ほかでは見られない建物や史料に感銘を受け、思わず売店で海軍旗をお土産に買ってしまう。艦船めぐりなど、自衛隊がなくては存在し得ない観光ルートもある。これまで、いくつかの軍港都市を巡ってきたが、正直、呉ほど自衛隊がさわやかな存在感を出しているところはない。あくまで筆者の主観だが、もっとも酷いのは横須賀。日露戦争の趨勢を決定づけた日本海海戦の旗艦、戦艦三笠が保存されているのは

今なお日本海軍時代の施設が現役で使われている海自呉地方総監部。戦前の建物は今となってはなんとも言えぬ風情が感じられる

よいけれど、港の多くの部分を在日米軍と共用している。そのためか、街にはなんとなくアメリカナイズされた空気を感じ、良くも悪くも伝統が失われている印象が強いのである。対して、今なお純国産の匂いがする呉は、ホッとする街だ。

そんな呉の街だが、基地に依存するばかりではなく様々な戦略を打ち立てている。呉の知名度向上に登場したキャラ・呉氏なんかも、そのひとつ。基地に依存して、おこぼれをもらうのではなく、基地をベースとして、さらなる発展を遂げようとしているのだ。ちなみに、呉氏への市民の反応は「一周回って面白い」だとか。

造船業が斜陽で呉の産業は大ピンチ！

造船に左右される呉経済でも再び上り調子でヨシ

海軍工廠以来の歴史を持つ呉を中心に、瀬戸内海沿岸では造船業が盛んだ。造船所のクレーンは、見ているだけでワクワクする。でも、働いている人は大変そう。呉の飲み屋で出会った造船所の人はこんな話をしていた。「護衛艦の修理が終わったんで、今日は定時で終わったんですが、明日11時に、ちゃんと会社まで戻って出勤しなきゃならないんですよね〜」

聞けば、彼の勤務する造船所は電車とバスで2時間ほど離れたところにあるという。造船所の他は、森とタヌキ。あとは、老婆のいる飲み屋しかない。隔絶された地から、抜け出してきた彼は、限られた時間で呉の街を楽しんでいた。

大和ミュージアムからも威容をみせるこの貨物船。江田島行きフェリーに乗って初めて二隻を並べてつくっているのだと驚いた!!

造船所の仕事は年単位の仕事が多く、そのためこの業界は景気の上昇や下落が繰り返される。大手ジャパンマリンユナイテッド（JMU）は円高が響き2年連続の赤字を計上した。

一方で、日本船舶輸出組合（JSEA）が4月に発表した2017年度の輸出船契約実績（一般鋼船）は16年度比約2倍で造船の市況は回復傾向にある（『日刊工業新聞』2018年4月13日付）。

そんな造船が主要産業となっている呉。戦艦大和を筆頭に、扶桑や、愛宕、千歳に天津風など名だたる日本の艦を建造してきた海軍工廠以来の伝統は、いまだに続いている。海軍工廠は、米軍の空襲で壊滅したものの、そこで植え付けられた技術は戦後の復興に役立った。１９５０年に旧軍港市転換法が施行されると、石川島播磨重工業、日新製鋼をはじめとする造船、鉄鋼などの重厚長大産業が成長したのも、海軍工廠の歴史ゆえ。戦後、造船や関連産業が復興したことで、１９５４年に海上自衛隊呉地方隊も設置され、再び軍港都市として成長を遂げることになった。とはいえ、いまだ主要産業とはいえオイルショック以降、呉の産業は下り坂となり人口も減っていった。呉の特徴は、なによりも背後に山を持つ理想的な軍港としての姿。ところが、平地が少なく自然災害に弱い傾斜地が多いことは、呉が発展することを阻害した。

造船業に支えられながらも、造船業に足を引っ張られているという側面があることは否定できない。

２０１５年に国土交通省が発表した基準地価では、全国の住宅地下落率上位10地点のうち4地点を呉市の島嶼部が占めた。最盛期には、島々でも行われていた造船業が衰退したことで人口流出に歯止めがかからなくなったことが原因である。

しかし、造船業界に再編の波が押し寄せたことで、呉は再び造船で活況を迎えようとしている。契機となったのは２０１３年にユニバーサル造船とアイ・エイチ・アイマリンユナイテッドが経営統合してジャパンマリンユナイテッド（ＪＭＵ）が誕生したこと。これによって、受注側の詳細な動向の把握と生産能力の向上も可能となった。呉の場合、２０１６年度以降、それまで年間３・５隻だった大型コンテナ船の建造能力が年５隻まで向上しているという報道もあった。

幾度もピンチを迎え、発展の足を引っ張られることもあっただろうが、やはり呉の産業の根幹にあるのは、造船である。確かに諸外国をはじめライバル企業は多いけれど、海軍工廠以来、積み上げられてきた技術の蓄積は、簡単に真似できるものではないだろう。景気の浮き沈みや新型コロナウイルスによる打撃など一時のことでしかないと思いたい。

ボロボロの商店街と悪評高いピカピカの市庁舎

大和ミュージアムが混雑していても商店街といえば

今回の取材以前、２０１５年に呉を訪れたことがある。その時はゴールデンウィークの真っ最中で、大和ミュージアム周辺は大混雑。付近の飲食店には長蛇の列ができているし、大和ミュージアムの中も、押し合いへし合いで展示を見るのも困難だった。

ところが、大和ミュージアムが人で溢れているにもかかわらず、呉市の中心街であるはずの、れんがどおり周辺は閑散としていた。

つい20年ほど前まで、呉の商店街は大いに賑わっていた。商店街にある映画館と商店が入居する「ポポロショッピングセンター」のかつてを知る人は「オシャレなショップがたくさんあった」という。確かに今でも、多くのショップが入居するが、あまりオシャレな感じはしない。日本の各地には、営業している店のほうが少ない心底終わった商店街も増えている。それに比べると、呉の商店街は人も歩いているし、多くの商店が営業している。これは、れんがどおりだけでなく、本通りや花見橋通りでも同様だ。とりわけ花見橋通りは、総菜屋など地域に根ざした店舗に活気がある。それでも、かつてに比べると、衰退していることへの危機感は強い。

その活性化に向け、様々な試行錯誤は続いている。前にも述べた、れんがどおりの中心に出来た「ヤマトギャラリー零」が、その類だ。これは、大和ミュージアム名誉館長の漫画家・松本零士の原画や資料などを展示して、こちらにも人の流れを誘導しようとオープンしたもの。一時、商店街にも松本キャラの横断幕を掲げて、必死に盛り上げようとしていたが、大和ミュージアムが大混雑していたゴールデンウィーク中も、閑古鳥が啼いていた。いや、確かに松本先生の作品は素晴らしいけど、これ、呉じゃなくても……。

このギャラリーはともかくとして、呉市の商店街は空き店舗を安く貸す対策なども進め、それなりに賑わってはいる。問題は、外から訪れた人を流すルート。というのも、呉駅から商店街方面へは、一度賑わいが分断されているのだ。おまけに呉駅北口は、２０１３年に閉店した旧・そごう呉店の廃墟が、そのまま。そこで、呉市では商店街まで人の流れるルートを生み出すための検討を進めている。ひとつは、旧そごう跡地を中心にした駅周辺の再開発。さらに、旧海軍下士官兵集会所（青山クラブ）を呉市が保存する方針を決めたのも、人の流れをつくり出す目論見があるようだ。商店街そのものは、レトロな雰囲気の中に、新しく面白い店も増えており、勘のよい人は魅力に気づいている。そのポテンシャルを、どうアピールしていくかが課題だろう。

そんな呉市に、２０１６年に誕生したのが新しい市役所。パッと見悪の要塞的なイメージを感じる市役所は、市民からは不評だ。

どれくらい不評かといえば、２０１７年11月の市長選で新庁舎の建設を進めた小村和年が落選。元大蔵官僚の新原芳明が、新市長となった。この市長選、自民党が小村を推薦する一方で、自民党支持層であるはずの地場企業が新原を後押しする保守分裂の激戦に。地元の人に聞くと「市庁舎の工事に、地元の企業を使わず広島市あたりから業者を呼んできたから……」と、落選は当たり前だという。

ただ、この市庁舎の工事をめぐっては入札参加予定だった業者が「工事見積価格が予定価格を上回る」として辞退したり、二度にわたって入札が不成立となる事態もあった。そんな悪印象を、払底するのには時間がかかるだろう。というかそれ以前に、なによりレトロな雰囲気の港町に、あの市庁舎の威容はまったく似合わないと思うのだが、まずそこから考え直したいような……。

※　※　※

完全に観光頼りの街となってしまった呉市。2020年代はその脆弱性をイヤというほど見せつけられることになったわけだが、明るい話題もある。実に7年放置されていた、旧そごう跡地の再開発が、ようやく始まるのだ。

呉市が呉駅周辺地域総合開発基本計画を策定したのは2020年4月。これにはそごう跡地のみならず、呉駅の橋上駅化も組み込まれ、併せて大和ミュージアム方向の改札新設、遊歩道のバリアフリー機能強化なども組み込まれているものだ。

ただ、これも結局は観光客向け機能を重視したもの。確かに、呉駅から大和ミュージアムに向かう遊歩道は近隣住民の利用も多いが、いくら高機能にしたところで、観光客があふれてしまえば地元住民が使いづらくなるのは今までと変わらないだろう。そごう跡地が複合ビルになるとはいっても、呉駅、ゆめタウンが一体となった巨大駅ビルが拡張されるだけという見方もできるし、そもそも今の呉駅周辺に、そこまでの需要があるか、施設が巨大すぎて、少々客が増えたくらいではペイできないのではないかという懸念は消えない。

やっぱり、これからの呉は観光客も大事だが、それに加えて「レトロな街並みの残る呉」を大事にし、そこに移住したくなる人を集めることも必要になるだろう。そうした街ができれば、観光客にもアピールできるし、一挙両得といえる。

呉は、現在の実力に反して、絶大なブランド力と過去の栄光、遺産をもっている街だ。先に宮島の項でも述べたが、しばらくは都市部を離れたリモートワーク、リゾートワークがもてはやされる時代になる。呉のような街は、その流れにうまく乗る必要があることも、念頭においてもらいたい。

これでもかとレトロな建築物が現役なのは呉市がもっと誇ってよい魅力のはず。実際、古い建物にオシャレな店が入居しているところも

きっと最上階にはラスボスが待ち構えているんだろう新庁舎。街の雰囲気に似合わないと思うんだけど、どう？

小洒落た店が急増 西条は若者の街へ

レトロで味のある呉だが新しい店なら西条

レトロで味のある店が揃う呉の街。でも、そんな街の住民が熱い視線をおくる街がある。東広島市の西条地域である。1996年に着工した東広島・呉自動車道は2015年に、ついに全線開通した。それまで、呉市内中心部から東広島市の中央部を東西に走る山陽自動車道にアクセスするには、約1時間20分かかっていたが、全線開通により約35分まで大幅に短縮したのである。

以来、呉と東広島市（というか、その中心地である西条）は密接な街になっている。東広島市の家から呉に通勤する人も（または、その逆も）増えている。

西条駅から呉駅まで、バスは一時間に一本程度だが、マイカー通勤ならばなんの不便もない。「横路トンネルのあたりで渋滞は避けられませんが、それでも驚くほど便利になりましたよ」。そう話すのは、東広島の自宅から呉の職場に通う人の話。聞けば「今は、住むなら東広島のほうがよいと考える人は増えている」という。

呉には味のある店は多い。しかし、日々を暮らす地元民には、そればかりでは物足りない。

「呉は古い町ですから、レトロな店が多めです。対して西条には、新しい店がどんどん増えているから、若者にも人気なんです」。西条が発展する契機となったのは、広島大学の移転だ。広島大学は１９９５年までにキャンパスの多くを東広島市に移転。それによって、田畑が広がるだけだった大学周辺は急速に市街地化が進んだ。

とりわけ西条の市街地はめざましい発展を遂げた。目立つのは、小洒落たスタイルの、雑貨店やカフェである。酒蔵通り周辺には古民家を改装したカフェも、やたらと目立つようになっている。

古民家改造だからちょっと「意識高い系」の店なのかと思いきや、そうでも

東広島市と周辺市町との人の移動

区分	東広島市から他市町村へ（流出）			他市町村から東広島市へ（流入）		
市町村	総数	就業者	通学者	総数	就業者	通学者
広島市	9,499	7,492	2,007	8,926	7,581	1,345
呉市	4,599	4,112	487	4,248	3,792	456
竹原市	1,493	1,436	57	1,514	1,400	114
三原市	2,314	1,992	322	1,525	1,275	250
尾道市	273	236	37	261	163	98
福山市	326	274	52	315	216	99
府中市	46	45	1	26	21	5
三次市	178	169	9	170	150	20
江田島市	44	44	-	30	22	8
府中町	2,040	2,008	32	584	480	104
海田町	667	381	286	572	513	59
坂町	326	285	41	166	139	27
大崎上島町	160	131	29	52	48	4
世羅町	110	101	9	147	140	7

※単位：人　※統計で見る東広島市 2019 より作成

ない。店内でみかけるのは、年寄りと子供連れ。「古民家を改造しているから、若者にはオシャレに見える一方で、年寄りにも入りやすいのではないか」（地元民・談）。

文化レベルの高い呉の人々も羨むほどに進化している西条。さらなる発展の契機も、広島大学かと思っていたが、そうではなかった。「広大が来てから、ちょこちょこと、学生相手の店が出来ては消えて、発展するのかしないのか中途半端な状態が続いていたんです」。そんな街に巨大な人の流れの変化が訪れたのは2015年。この年の3月にアストラムライン新白島駅が開業したのだ。

それまで西条周辺住民が、広島の繁華街に出かけるのは不便だった。電車に揺られて広島駅へ。そこから、広電で本通までは、イラつくほどに時間がかかる。一刻も早く行きたい時には東広島駅から、新幹線に一駅だけ乗る人もいたほどである。

それが、新白島駅の開業によって、本通までの乗り換えが大幅に便利になった。実のところ、短縮される時間は10分程度。でも、広島駅から広電に乗り換える面倒くささに比べると「新白島駅ができて、広島にいくのが面倒ではなくなった」というのだ。確かに巨大な駅である広島駅から広電に乗ろうとすると、とても面倒くさい。対して、新白島駅はアストラムラインと山陽本線を接続する目的でできた駅なので、乗り換えがスムーズだ（最初から、この駅を作らなかった計画はひどいと思う）。これによって、ベッドタウンとしての発展が沈滞していた西条周辺は、著しく発展していくのである。

呉との関係性を高めるばかりか広島のベッドタウンとしても進化しつづける西条。今、広島県内でなにか新しい店でも始めようと考えているなら、西条はもっとも可能性を持つ候補地といえるだろう。

※　※　※

毎年500〜1000人程度の人口増加を続けている東広島市。ベッドタウンとして人気を集めているが、地場産業はどうなっているのだろうか。

東広島市といえば西条酒、さらに安芸津の酒のある酒所だ。しかしこれらの酒は「関西までは名が鳴り響いている」といった感じで、最大消費地である関東への「進出」状況はイマイチだった。

これを脱するため、2009年には西条酒のブランドを定義。仕込み方法や

マイカーが当たり前のためか西条駅〜呉駅間をつなぐバスは1時間に1本。筆者のほかに乗客は少なかった

原料などに規定をつくり、ブランド力の向上を狙った。２０１７年には「西条の酒造施設群」として日本の20世紀遺産に選定されるなど、それらの試みは一定の成果を上げているが、２０１３年から２０１７年までの統計では、２０１４年をピークに清酒の生産量、販売量は低下傾向。市内での販売量では、地場の清酒が焼酎に負けているという悲しい数字が出ている。合成清酒を含めればやはり料は圧倒的なのだが、本筋の清酒がイマイチなのはいただけない。ちょっと高級路線に走りすぎて地元民が買えなくなっちゃったのか？

新幹線駅がビミョーに使いづらいのですが

切符の窓口は大行列！　終戦直後の闇市か？

福山駅と広島駅の間には、新幹線の駅は3つもある。新尾道駅・三原駅・東広島駅がそれ。福山駅から広島駅まで距離があるので、これくらいの数は駅がないと不便ということか。でも、この県内の新幹線駅、どれもとにかくビミョーに使いづらい。

1992年にひかりよりも速いのぞみがデビューした時に、福山駅は通過されていた。けれども、2003年、福山駅にものぞみが停車するようなった。それだけの需要が見込まれたわけである。

ところが、ほかの駅はといえば停車するのはほとんどこだまのみである。三原駅には一部の、ひかり停車が設定されているが、ほんの一部だけ。結果、新幹線があるにもかかわらず役にたたない。

そして、不便どころか利用者までそっぽを向いているのが新尾道駅。この駅は、山陽新幹線の博多開通から十数年後に地元の請願、費用負担で設置された。1988年開業の時は鳴り物入りで期待された駅だった。ところが、今や利用者は減少の一途。一日平均乗車人員は2010年以降900人台に突入することもあるという、悲惨すぎる状況になっている。理由は、尾道市の中心部から遠すぎること。おまけに山陽本線などとの接続もない。こんなところで、1時間に1本しかこないこだまを待つよりも、山陽本線で移動し、福山駅からのぞみに乗ったほうが便利である。この新尾道駅。福山駅に、のぞみの停車が決まった時点で、存在価値などまったくなくなった駅といえるだろう。

その隣、三原駅は三原城をぶった切って建つ、色々と興味深い駅だ。もともと山陽新幹線がやってくるにあたって尾道市と三原市のどちらに駅を置くか様々な案があった。この時、新駅の候補地が尾道有利と聞いた当時の三原市長は、新幹線用地の住民を説得して回り、国鉄にも要望。見事、新幹線駅を獲得

広島県内新幹線駅の1日平均乗車人数

	乗車人数（2018）	乗車人数（2017）
福山	21,270	21,189
新尾道	1,197	1,066
三原	6,198	6,354
東広島	1,766	1,295
広島	77,169	77,174

※ JR西日本発表値より作成・在来線含む

した。ちなみに、この駅は新尾道駅と違って地元負担はナシで建設。山陽本線もあるから確かに便利なのだけども、やはり、停車するのは、ほぼ、こだまだけ。

そして、東広島駅も、やっぱり大変な駅。なにしろ、東広島市の中心地である西条からも、人の出入りが多い施設である広島大学からも、とにかく遠い。おまけに、西条方面へのバスは曜日によっては1時間に1本もない。マイカーかタクシーでなければ利用困難な駅なのだ。最近は、ようやく周辺に店舗ができはじめている。でも、東広島に用がある人はよく調べておかないと、駅を降りた後に新尾道駅以上に苦労する。おまけに、東広島駅で酷いのは切符の購入だ。駅には窓口がひとつに券売機がひとつ。「いつも年寄りがのろのろしていて10分前に駅に到着して、切符を買って乗ろうとすると間に合わないことがある」（地元民・談）。

実際、今回の取材で駅を訪れたが、窓口も券売機も、行列している上に進む様子がない。なんと、危険な駅だろう。

そんな3つの駅だが、最大の問題点は、こだましか停車しないこと。こだまは山陽本線よりは早い。早いけれどもストレスはたまる。なぜなら、停車駅ごとに、のぞみの通過待ちがあるからだ。

これが、どれほど時間の浪費かといえば、岡山駅〜東広島駅になると乗車時間の半分は通過待ちで停車しているのだ。

正直、東京方面から東広島駅で降りる場合は、広島駅まで切符を購入。のぞみで広島駅までいった上で折り返したほうがいい。それくらいに、こだましか停車しないというのは、酷いことなのだ。

こだまに乗ってイライラするくらいならば、山陽本線でゴトゴト揺られていたほうが、よっぽどマシである。少なくとも、筆者はそう考えている。

えらく使いづらかったが、周りの開発が進んだおかげか利用者がかなり増えている東広島駅。やっと新幹線効果が出てきた？

対照的に利用者が年々減少している三原駅。三原の街の元気が落ちてきていることが、利用者減の主な原因といわれているが……

コンビニも逃げ出した悲惨すぎる三原

駅前に巨大な空き地が広がる風景に唖然

なにか勘違いして、観光目的で三原市を訪れた人は唖然とする。そして「二度と、こんなところには来ない」と心の底から思うかもしれない。いや、なにも新幹線駅が三原城跡を分断していることをいってるのではないし、天守の部分が駅構内の階段を上がった先で、小さな公園になっているのも大した問題ではない。もっとも酷いのは、駅前の観光案内所で貰える地図に記された旭町のあたりの、昭和の町並みなどという案内が書いてあるところ。どんなものかと尋ねて見ると、単なる下町があるだけ。商店街があるわけでもなく、単なる古ぼけた建物が連なる街があるだけだったのだ。

まったく、どこの都市にいってもありそうな一角。こんなものが観光地になると思っている三原市の観光行政は、なにを勘違いしているのか。三原市では、小早川隆景を大河ドラマにという動きもあるようだが、絶対にあり得ないと確信できる。まがいものの観光案内をするような街では……。

さらに酷かったのは駅前が長らく巨大な空き地だったことだろう。ここはかつて天満屋も入居する「ペアシティ三原東館」という商業施設があった場所。しかし、それも2006年に閉店。2008年に建物が取り壊された後、2009年に三原市が購入したのだが、10年近く空き地のままだったのだ。ゼネコン大手の鹿島らによって2020年に、ようやく図書館とホテル、スーパーマーケットの入居する三棟のビルが整備された。それと隣あう「ペアシティ三原西館」のほうは現存しているが、ニチイ三原店は既に閉店。さらにスーパー・パルディ三原駅前店も閉店。ずっと入居している三原国際ホテルはいまだ営業中だが、ビル自体には驚くほどに活気がない。

新幹線駅ということもあり、街の整備は行き届いている。でも、活気はないし、店もない。取材の途中、休憩する喫茶店すらない。唯一、駅ビルに入っている喫茶店は満員。どうも、三原市民も不便を強いられているらしい。

その駅前から伸びる「マリンロード商店街」も、とにかく店が少ない。コンビニもないので、道行く人に尋ねて見ると、以前は商店街の入口にあったのだが閉店してしまったという。そんな商店街を歩いた先にある三原港のフェリーターミナルも、架橋による利用者の減少を受けてか、閑散とした6階建てのビルとなっている。

そんな三原市であるが、近年、相次いで高層分譲マンションとビジネスホテルが建設されている。実際、三原市にはマンション需要がある。ひとつは結婚を機に住宅を購入する若者層。そして、もうひとつが病院や駅の近くに住みたいとやってくる年寄りたち。確かに人口は増加するかもしれないが、市街地活性化に役立つかといえば、首を傾げる。既にマンションは竣工から1年を迎えているわけだから、当初期待された活性化には効果はなかったといえるだろう。

街の状況はかなり厳しい三原市であるが、住むだけならば便利な街だ。なにせ腐っても新幹線駅であり人口も多い。だから駅から徒歩10分あまりの国道185号沿いには、ロードサイド店舗や大型店が集まっているのだ。とりわけ驚いたのは、イオンとエブリィが隣り合っていること。これだけでも、三原に引っ越すことを決める要素になる。プライベートブランドなども多く取りそろえて、食料品が安いイオン。対してエブリィといえば、生鮮食品が激安だ（エブリィの肉魚は安くて量も多いので「一人暮らしだと持てあます」という声も）。そんな2軒が隣同士になって競ってるんだから、エンゲル係数は極限まで下がる。その一点で住んでもいいかも。

※　※　※

厳しい話ばかりが続いた三原だが、駅前再開発がおおよそ完成したのは明るい話題。実際に足を運んでみると、図書館やフレスタのおかず工房などにはまずまずの人がきており、とりあえず初動は成功といった感じ。

これによって、完全に国道沿いに動いてしまった商業の中心を駅前と分散させ、その中間に位置する個人店や飲食店の活性化を狙うわけだが、それにはもう一工夫ほしいところかも。とはいえ、図書館は特に10代の未成年世代を集めるには重要な施設ともいえるので、むしろ学生向けの立ち食い店の充実などを図るといいかも。それだけで街は華やぐわけで、その効果は案外侮れない。

国指定史跡を新幹線がぶった切り、観光地の価値などなくなっている三原城。その影響なのか、整備された駅前にもどこか無情だ

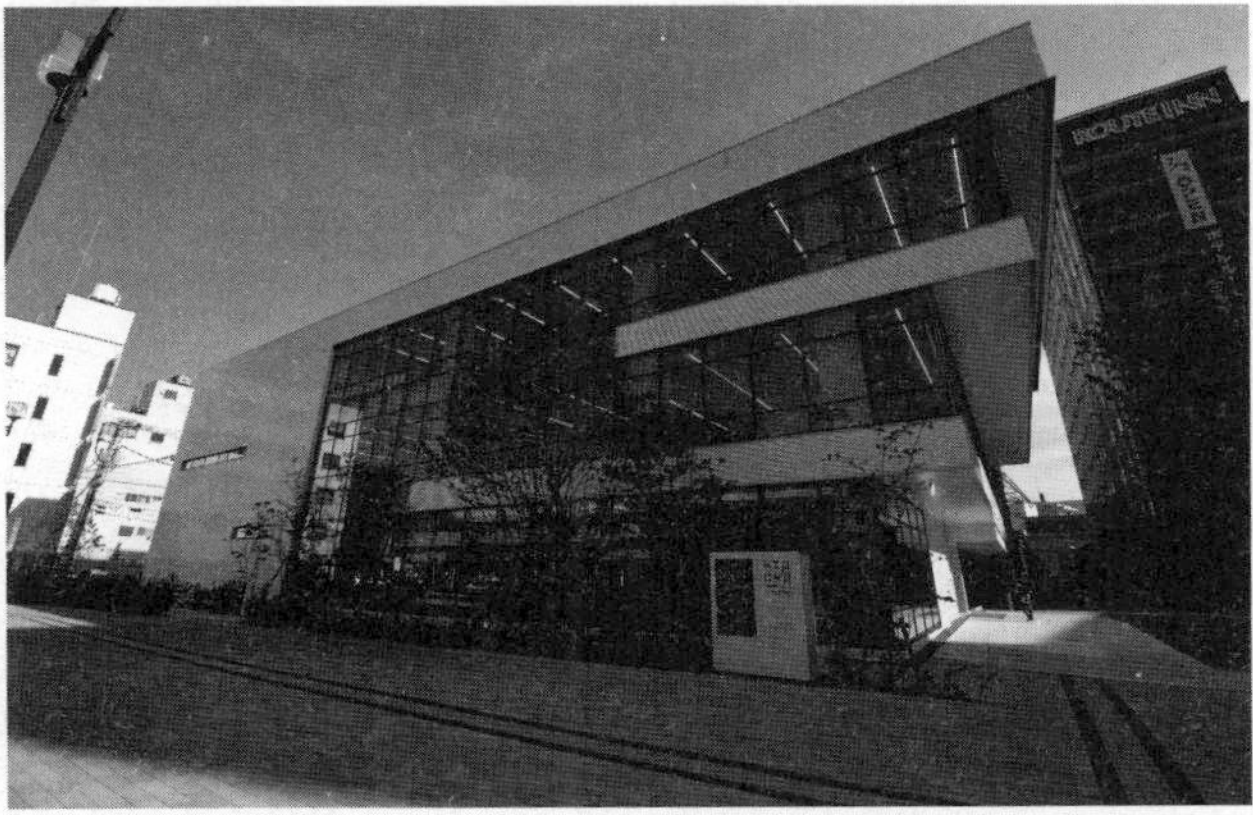

ホテルや複合施設といっしょに三原駅南口に完成した市立中央図書館。蔵書量は約38万冊とまだあまり多くないが施設は最新式だ

三原を支える広島空港 パイロットもビビる〝天空の城〟

どこからでも遠いしホントに飛ぶか不安

広島空港は山の中にある。山がちな土地にあるのではなく、ガチで山の中である。住所の上では三原市なのだが、三原の市街地からもえらい遠い。交通機関はバスオンリー。早めに到着しておかないと渋滞に巻き込まれたりするんじゃないかと不安になる。

とにかく広島市でも福山市でも、広島県内の街からは平等に遠くて、不安になるのが広島空港の特徴だ。もっとも「これならちゃんと時間通りに空港にいけるだろう」と、信頼度が高いのは山陽本線の白市駅と広島空港間を結ぶ路線バス。でも、筆者は空港に向かおうとしたところ山陽本線が事故で運休というハプニングに出くわしたことが。以来、広島空港の利用には細心の注意を払っている（なんとか間に合いました、ハイ）。

そんな広島空港の名物は「天候調査」である。ちょっと雨が降るとすぐに出発案内に表示されるのが「天候調査」。そして、欠航である。こんな霧が発生しやすそうな場所に空港があるのだから、そんなことになるのは当然。でも、近年の航空技術の発達はめざましい。広島空港には、全国の空港でも数少ない高性能の計器着陸装置（ＩＬＳ）が、設置されている。この装置のおかげで、雨が降ろうが霧になろうが、着陸はできるというのが広島空港の利点。これがなければ広島空港は運航なんて、まともにできない。２０１５年にアシアナ航空が着陸失敗事故を起こした時には、この装置を壊してしまい修理期間中には全便が欠航する日が何日か出てしまった。

広島市からも福山市からもバスで一時間あまり。丘陵ではない、文字通りの山、山岳に囲まれた広島空港。なんで、こんなところにつくってしまったのか疑問しかない。１９９３年に広島空港が開港する前、旧広島空港があったのは、現在の広島県西区。この空港は、瀬戸内海に面し、川に挟まれていて、埋め立てによる拡張も困難だったために、新空港建設に至った経緯がある。

この時、新空港候補地として挙げられたのが、現在の空港がある本郷町（当時は、三原市と合併前）のほか、大奈佐美島・江田島・洞山（東広島市）であった。結果、様々な利点や利権が絡み合い、場所はここに決まった。業者が役所から、施設の小さな修繕を請け負うだけでも血みどろの争いになることのある広島（いまだ昭和かよといいたくなるような工事の妨害もある?）。そのへんは、まあゴニョゴニョあったのだろう。

ところで、大奈佐美島というのは厳島と江田島と能美島に囲まれた無人島。こんなところに空港をつくろうと本気で思っていたかは謎である。

そんないいところナシの広島空港であるが、利用する価値はある。まず東京から広島にいく場合には成田空港発のＬＣＣがある。安い日なら1万円以下で広島市内まで、いくことができるのは魅力的だ（ものすごく朝が早いけど）。

そして、２０１７年からは夜間の運用時間が21時30分から22時30分まで延長された。夜遅い便は、東京から広島へ向かう利用者に需要が高く全日空の羽田発20時20分便は搭乗率約8割でスタートしている（『中国新聞』２０１７年12

多くの路線が発着する広島空港だけどショップはかなり貧弱。定番のお土産くらいは買えるけども待ち時間を潰すのは厳しい

月15日付）。同じく、２０１７年に就航した中四国地方唯一の東南アジア直行便であるにシンガポール線も搭乗率は８割と好評だ。

すでに開港から20年あまり。広島県民は、広島空港が遠くて天候が悪いと飛ばない空港であることは、みんなわかった上で使っている。少々の不便やトラブルには慣れっこだ。むしろ、２０１７年に空港から西条駅前に向かう直通バス路線が開通した東広島市民からは「すごく便利になった」という話も。最初がマイナススタートだと、こんなによく思われるのか。

広島県コラム 4

呉集会所問題は決着しない！

大和ミュージアムを中心に軍港としての歴史が観光資源となっている呉。歴史的建造物が今なお現役で使われており、そのことは観光的にはナイスなわけだが、現役なだけに中に入ったりできない、痛し痒しな建物も多い。そんな中でも注目を集めているのが、幸町にある海上自衛隊呉集会所本館（青山クラブ）である。

ここは、もともと1936年に建てられた、呉海軍下士官兵集会所だった建物。かつて、海軍の艦艇の乗員が上陸する際の滞在施設として利用されていた由緒ある建物である。建築様式は、戦前期のモダニズムの典型例。道路から見ることのできる部分だけ見ても大きいが、内側は建物がコの字型になっていて、その威容には圧倒される。

戦後も、建物は海上自衛隊の施設として利用され2004年までは宿泊施設

と食堂も営業されていて、一般人も宿泊することができた。

しかし２０１６年に施設の老朽化を理由に国は使用を中止。その後、呉市では隣接する桜松館を観光施設として利用する一方で、青山クラブは解体して駐車場にする構想で買収の意向を示した。

これに対しては、呉市だけでなく全国からも保存を求める声が殺到した。２０１８年になり呉市では改めて、青山クラブも保存し活用する方針を決めたのである。今後、耐震診断を行った後、どのような形で活用していくかが検討される予定になっているが、呉の新たな観光の目玉になることは間違いない。

本編でも記したように、呉の観光産業が抱

える最大の問題は回遊性の低さである。大和ミュージアムは年間100万人近い来場者を誇るものの、多くの観光客は、ほかの施設をめぐったり町を歩いたりしようとはしない。2016年の呉市の資料では、呉を訪れる観光客の滞在時間は2~3時間がほとんど。大和ミュージアムと隣にあるてつのくじら館には行くけれど、入船山記念館すら、訪れようとする人は少ないのだ。

集会所本館は、呉の市街と軍港施設との境に位置する建物。ここが、新たに観光施設となれば、ほかの施設に足を運ぶ人も多いだろう。

活用方法はまだ未定ではあるが、やはり宿泊施設は欲しいところ。それも、海軍が感じされるものがいい。毎朝「総員起こし」の放送が流れて、宿泊客は急いでベッドを整頓する。もたもたしていると海軍精神注入棒でケツバット。そんな施設、いいよね。

第5章
再開発と街並み保存で揺れる尾道の迷走

移住者が増えている尾道人気の秘密はどこに？

「受け入れ体制」に他地域との決定的な差

2007年から始まった「空き家再生プロジェクト」に始まる尾道への移住ブームは、よく知られているところ。都会を離れて、移住する先の選択として、尾道の人気はとどまるところを知らない。

でも、そこまで尾道が人気になっている理由はなんなのか。みんな、原田知世のファンなのか。あるいは、いつまでも青春していたいのか。はたまた、小津安二郎の『東京物語』に、失われた日本の原風景を求めているのか。

なんにせよ、尾道という土地は住めばステキな土地だと思う。

いつでも時間に追われる都会の喧噪から逃れて、海と行き来する渡船を眺め

尾道市の人口の変遷

年次	世帯数	人口
1955年	19,151	84,882
1960年	21,659	91,003
1965年	23,822	90,740
1970年	28,500	101,363
1975年	30,312	102,951
1980年	31,411	102,056
1985年	31,923	100,640
1990年	32,293	97,103
1995年	33,049	93,756
2000年	34,087	92,586
2005年	43,602	114,486
2010年	58,772	145,202
2015年	57,759	138,626
2018年	64,634	137,969
2019年	64,797	136,428
2020年	64,786	134,877

統計おのみち各年版より作成　2018 ～ 2020 年は 8 月 31 日時点数値

て、コーヒーと煙草を楽しみながら生活する……うん、なんか貴族的でいい感じだ。

でも、そんな悠然とした生活は知らない親戚の莫大な遺産を相続するとか、宝くじでも当たるとかしなければ無理である。

結局のところ「空き家再生プロジェクト」以降、移住を希望する人のための環境が整っているという利点が大きい。

空き家の増加する尾道の街でも、「空き家再生プロジェクト」による空き家再生の成功を受けて、２００９年から始まった「尾道市空き家バンク」がある。ほかの地方で行われている事業と比べると、尾道には官民の枠を超えた移住者のための手厚いケアがある。過疎に悩む地方が、移住者を求めて空き家を紹介する。購入に限らず安く賃貸するという事業は当たり前に行われるようになった。でも、けっして行き届いてはいない。たいていの地方では、家は紹介するのだが、行政が関与するのは紹介まで。あとは、自分でなんとかしてくれ感がけっこう強い。移住というのは、家を見つけて引越の荷物を運び込めば完了というわけではない。まったくゼロの状態から生活をつくりあげていかなくてはならないのだ。

これは、けっこうな決意のいる作業だ。先日、筆者の知人も地方移住を成し遂げたが、様子を聞くだけでも、その大変さがわかった。まず、家を見つけるのも一苦労。それも、新たな仕事を見つけるまでのことを考えると家賃は抑えなくてはならない。いざ、移住しても無事仕事を見つけて安定した暮らしをおくることができるのか、不安の種はつきることがない。

こうした諸問題に対して尾道はノウハウの蓄積がある。中でも、愁眉なのは家賃を抑えるどころかタダで貰える空き家もあるということだろう。いくらタダの空き家とはいっても北海道の原野のド真ん中だとか、週に一度の巡航船が生活物資を運んでくる離島だと、タダでもいらないとなるだろう。

でも、尾道である。市街地のど真ん中とはいかずとも、そこそこ生活には困らない場所なのに、タダで貰える家があったりする。

向島の裏側とか、因島だったらちょっと考えるが、本土側であれば飛びつく人は多いだろう。

もちろんタダで貰える家なのだから、様々問題はある。けれども、自分で修繕しながら住むという、モチベーションのあるような人でなければ、そもそも移住はやめたほうがいい。この原稿を書き始めた頃に、あるニュースサイトに掲載された「別荘地に移住したら、24時間ゴミ出しはできるし、雪かきもして貰えるし……。田舎はクソだけど、別荘地なら地方移住最高！」みたいなテイストの記事を書いたフリーライターが炎上していたのをみたが、そういう、クレクレタイプの横着者には尾道は向かない。

ここまでの実績の積み重ねで、自助努力でなにかを成し遂げたい人が尾道には集まるようになっている。それゆえ人が人を呼ぶのが、尾道の魅力だ。

※　※　※

案の定というか、ここ尾道市の数年人口は減少に転じている。ただ、世帯数は激増しており、人口動態なども加味すると、移住人気は落ち着いたが、それ以上に高齢者の死去がこの数字をつくっているといえそうだ。結果的に年齢構成がある程度良好になればいいのだが、世帯数が多いということは独り者が多いということ。ここからの人口増はあまり望めないのが苦しいところだ。

気位が高く排他的に見える尾道人の素顔

フレンドリーさも影もあるがそれでも単純な尾道の気質

尾道の人は基本的にフレンドリー。観光で街を訪れると、親切に道を教えてくれたり瀬戸内の風景そのままに、ほんわかした気分になれるはずだ。でも、光あるところには影がある。フレンドリーさを求めていくと、がっかりするかもしれない。そう、パリにいった人があちこちにオシャレなパリジェンヌが歩いていると思ったら、美人は少ないわ治安は悪いわで気が狂うほど失望して帰ってくる感じで。

実際に、観光客の多い地域の店舗に入ると意外にビジネスライクである。当地域批評の取材ではとにかく地元の声が必須。だから、飯を食べても煙草を買っても、チャンスとばかりにグイグイと聞く。

今回、筆者は大竹市から東へ東へと移動していったのだが、しまなみ海道沿いといい、尾道といい「意外に冷たいな」という印象を得た。買い物しながら、あれこれ話しかけた時、呉はやたらとフレンドリーに様々なことを教えてくれた。ところが尾道はどうか。

例えば、街中の煙草屋で「こういう商店でも観光客が立ち寄るのか」などと聞いてみると「はあ、そうですね」と気のない返事。オシャレな食べ物系の店も「買うか食べるかしたら、さっさと帰ってくれよ」感がある。これは、筆者の運が悪いのか。はたまた、観光客相手に疲れているのか……。

正直、尾道人あたりのフレンドリーさには二面性がある。やたらと親しげに振る舞ってくれる人が多いのは確かである。でも、いざなにかを決める時となったら、ガンガンと自分の意見を押してくる。そんな時は、人の話を聞いちゃいないし、男女を問わず声が大きい。「この街はヤクザが多くて」とかポロっといってしまう呉の人の気質は驚くほどに低姿勢。なので、フレンドリーだという思い込みのある尾道人の本質には唖然とするしかない。

この独特の気質には、土地の歴史が密接に関わっている。もとは、このあたりの海は長らく村上水軍が支配してきた歴史がある。早い話が、海賊の支配地である。海賊とはいっても、むやみに船を襲うわけではなく、自分たちの海を通る船は大事な収入源である。通行料やら案内料を支払ってくれる、大事な顧客なワケだから無碍にするはずもない。観光客に対してフレンドリーなのも、外からカネを持ってきてくれるのだから当然だ。つまり、ヨソ者に対するフレンドリーさは「こいつは、カネかナニかを、俺たちに持ってきてくれるのではないか」という期待を含んだものなのである。なにかの瞬間に垣間見える我の強さこそが、本質といえるだろう。でも、本人たちも悪気があって我が強いのではない。「フレンドリーに接してるんだから、そちらも考えてくれ」という感じの、極めて高度なコミュニケーションといえる。

こうした独特の尾道人の気質を排他的だとか保守的だと捉える人もいるだろう。でも、真実はそうではない。気質ではなく歴史が積み上げてきた人生観が違うのだ。そこに気づけば、尾道人はわかりやすい。移住して暮らしている人に聞くと、揃って「近所の人もなにかと声をかけてくれる」という。要は「コ

うんざりするような坂を登ったり下りたりする生活が尾道では一生涯続く。これら地形も尾道人の気質を形成する要素に違いない

イツは仲間だ」と一度決めたら、なにがあっても永遠に仲間と考える、西日本から九州あたりで育まれてきた東アジア的な思考が濃厚なのだ。ほかの瀬戸内沿岸の街よりも、さらにそれが濃いのは、尾道という土地が長らく海賊の本拠地として栄えて来た歴史があるからに違いない。

たまたま入ったラーメン屋で、近所の店の人同士で「観光客がカネを落とさない」「観光協会は役立たず」など延々と他力本願な愚痴をいいあっていた竹原の人に比べると、尾道の人々はわかりやすくてあたたかい。このあたりが真相だと思うのだが。

レトロな建物もきちんと保存しているあたり保守性が強いのは確か。今のところ保守性はプラスに働いている？

尾道に住み着いて作品を書いた林芙美子。こんな人を受け入れていたあたり尾道人はヨソ者に厳しくはない

駅前再開発と商店街　尾道は変わるべきか、変わらぬべきか

レトロ溢れる町並みとどう調和を図るのか？

尾道観光の玄関口。ＪＲの尾道駅といえば、明治時代に建設された木造の駅舎。でも、それもついに建て替えられることになってしまった。２０１９年に開業した新駅舎は二階建てで、展望デッキや宿泊施設も入居する立派な造りだ。

観光地として名高い尾道の街。海を挟んで両岸に街が広がり、その間を、渡船が始終行き来しているというのは日本でもほかにない風景。もとは、瀬戸内海を支配した村上水軍の時代に始まる尾道。現在も稼働する造船所が象徴する生きた街である。そんな生きた街でありながら、戦災もほぼ受けなかったため

に、現在に至るレトロな町並みが、保存されている。

そうした町並みを求めて、観光客はやってくる。そして、移住者もやってくる。移住者の中には、空き店舗を使って、新しい商売を始める者もいる。その循環によって、尾道はレトロだけども生きた雰囲気を保っているのだ。

尾道には、いつまでも変わらないレトロな町並みが広がっている。たまに訪れる人々は、そう思うだろう。けれども、生きている街ゆえに町並みは確実に変わっている。

まだまだ、覚えている人も多いだろうが、現在、再開発でオシャレなビルが建つ尾道駅前も、20世紀の終わりまではレトロな商店街だった。ここにあった「尾道駅前銀座商店街」は、戦後間もなく尾道市が専売公社が所有していた土地を借り上げて建設したものであった。

さらに水道沿いには、文字通りの闇市である「駅前マーケット」なるものもあった。土地の人に聞くと、尾道市のメインの商店街である本通り商店街に比べると閑散としていたと聞くが、その商店街があった頃は、終戦直後そのままの風景が残っており、よりレトロ感が強かったという。

景観と利便性のバランスが難しい

しかし、商店街の衰退と共に再開発は余儀なくされた。1998年に「駅前マーケット」が取り壊された時点で、営業していた店舗は41軒のうち12軒だったというから、なにか手を打たなくてはならぬと考えられたのは当然だろう。

ただ、再開発によって観光都市としての魅力の部分は低下したのも事実である。行政も、そのことは理解しているようで2017年に示された尾道市の「都市再生整備計画」では「市の中心部である旧市街地は空洞化が進み、観光都市としての魅力も低下してきている。一方で、斜面地を代表とする古い街なみなど歴史的資源も多数残されている」と指摘。歴史的風致と景観を観光に結びつける総合的な取り組みとして、観光名所である千光寺公園などのリニューアルにも着手している。

観光都市として、整備を進めつつ傾斜地の多い土地で、住民の流出による衰退を防ぐ目的などもあり、尾道市の予算は増加気味だ。2018年度の予算案では、一般会計は前年度比で約10億円増加の637億3000万円。三井住友

ようやく完成した尾道駅南口駅舎。お土産物屋つきのコンビニ併設でずいぶんと使いやすくなったが、北口との格差はさらに広がった

銀行尾道支店を歴史的建造物として保存活用するなどの観光目的の整備の一方で、小中学校への冷暖房の整備やトイレの洋式化、市役所の建て替えにも、多くの予算が割かれている。

近年は、瀬戸内海に面した港町の代表格となっている尾道市だが、いつまでもかわらないわけではなく、現在はリニューアル途上にあるというのが正確な見方だろう。

そのリニューアルの一環で、尾道のあまりうれしくない名所となっていた尾道城が、2019年に解体された。それまでは「あの偽城が」的な見方もあったのだが、いざ無くなってみるとちょっと寂しい。人間とは誠に勝手なものだ。

駅舎の完成と新イオンは尾道を変えるか

2019年には尾道駅の南口新駅舎の使用が始まり、南口はこれで完全な観光ゾーンとして、かなりの完成度を誇るようになった。ただ、それ以上に尾道への影響が大きそうなのが、駅舎は旧態依然のボロ屋なままの北口方面。南の観光エリアに対し、北は居住区といった感じの棲み分けが尾道駅周辺の特徴だが、北エリアの「中核」だったスーパーのニチイが、高層マンション併設の大型イオンとして生まれ変わろうとしているのだ。

これまで、尾道駅周辺といえば観光対策ばかりで住民はおざなりな扱いと思われても仕方がない「開発」状況だったが、これは明るいニュースといえるだろう。高層マンションは「尾道駅まで徒歩5分」をうたっており、つまりは福山あたりへの通勤も考慮に入れた宣伝文句。これが成功すれば、尾道にもタワマンブームが到来するかもしれない！　と言いたいところなのだが、現在の土地利用状況からいって、それは難しそうだ。やはり、地元にとっては大型のイオンができるということ以上の重要性はなさそうだ。

とはいえ、ようやく一応の完成をみた尾道駅や、これまでほったらかし感が強かった北口方面にも開発の手が及んだことで、尾道の「過程」はまた一歩進んだといえるだろう。この先は、イオンに続いて国道184号沿いでできるところから、という感じの開発が予想されるが、それと同時に、やはり複雑すぎる細かい道を、少しでも機会があったら少しずつ直していくことは必要だろう。北口方面でも、エディオンの裏手から国道に出るには、かなり迂回しなければならないなど、そこら中に細かい「面倒」が存在する尾道。商店街や繁華街の真ん中が、そうした複雑な道というのは一種の味となるが、住宅地では不便なだけ。当面、大きな開発が可能な土地は尾道駅周辺にはなさそうなので、ここはこうした細かいケアをする時期とわりきって、しばらくの間は地味に効果的な改良をするように、市にはお願いしておきたいところである。

完成間際の新しいイオンと建設が始まったマンション。将来的には北口もマンションエリアになるのかもしれないが、それは大分先か

今はなき尾道城。あれば邪魔でもないし、なくなるとさみしい。跡地は公園の整備とともに、見晴台になる予定

造船所と銀行が尾道に集まっていたワケ

メガバンクの支店がなぜこんな地方都市にある？

現在の、おのみち歴史博物館周辺は、かつて「銀行浜」と呼ばれていた土地である。おのみち歴史博物館の建物は、広島銀行の尾道東支店として使われていた建物だ。今では、銀行も建物は凡庸、オフィスビルの一角にテナントとして入居するような形態が当たり前になってしまった。けれども、ひと昔前までは、人様のお金を預かる上で信用を担保するため、銀行というものは、堅牢な建物を持つのが当たり前だった。そして、そんな建物を持つには経済力がなければならなかった。そうした銀行を建てられる経済力が、尾道にはあった。

現在の尾道の銀行事情で特殊なのは、三井住友銀行の支店があることである。

尾道の近代史

1871年	土堂に郵便取扱所設置
1873年	住友家が尾道に分店を置く
1874年	広島県支庁設置
1878年	第六十六国立銀行設立
1891年	山陽鉄道が尾道まで開通
1907年	電話が開通
1925年	上水道が完成
1941年	NHK尾道放送局開局
1961年	山陽本線電化
1968年	尾道大橋開通
1983年	因島大橋開通
1988年	山陽新幹線新尾道駅開業
2005年	御調郡御調町、向島町を編入
2006年	因島市、豊田郡瀬戸田町を編入

※各種資料により作成

人口20万人に満たない都市にメガバンクの支店があるのは珍しい。広島県内でも、三井住友銀行の支店があるのは3つの都市だけ。広島市、福山市。そして、尾道市である。その理由は、尾道が三井住友銀行の前身である住友銀行の創業地だからである。広島銀行の創業地が尾道であることは知られているが、実は全国規模のメガバンクもまた、尾道発祥だったのである。

江戸時代以降、瀬戸内海を行き来する船によって尾道は富を蓄積していた。この尾道で栄えていたのが「並合業」という金融の形態である。これは江戸時代に始まったもので、商品を担保に融資を行う金融の形態であった。現物を担保とする上で、尾道は都合がよかったのだ。現在の広島銀行の前身である藝備銀行のルーツには、この形態で財を成した「尾道諸品合資会社」がある。また、現・愛媛県の別子銅山で富を蓄えて、商売を拡大させていったが「並合業」の拠点として尾道を選んだ。これは、別子銅山で用いる用度品の調達が尾道で行われていたからという背景がある。のち、住友銀行が旧態依然とした「並合業」から銀行へと転換を図った時の会議は、重役が大阪からも新居浜からも集まりやすいとして尾道で開催された。住友銀行はオイルショックの頃、巨大な損失を被ったが、この時に社内では「尾道の原点に返れ」という合い言葉が用いられ難局を乗り切った。だから、今でも尾道には支店がある。

瀬戸内の各地から富が集積する商業都市として繁栄してきた尾道。そこへ物品を運ぶための造船業が発展してきたのは、当然といえば当然である。海岸部に広く造船所が並ぶ広島県だが、尾道周辺は、もっとも造船所が集まる地域だ。

現在の尾道の造船業のベースになるのは、明治時代になって製造されるようになった機帆船だとされる。多くの島々が連なる芸予諸島では、あちこちの島から必要な物資を仕入れるために船が尾道へとやってきていた。その物資を運ぶため、明治時代に用いられるようになった機帆船づくりから、尾道の造船所は始まっている。

現在でも市の製造業の３割近くを占める造船業。ここまで発展してきたのは、盛んに造船が行われる中で関連産業が発展したから。尾道周辺の島々には、あちこちに天然の良港が点在する。海を道路とだとすると、それぞれの工場で製造した部品を集めて、造船所で組み立てるというのは困難なことではない。いくつかにわけて建造した部分を組み立てるブロック工法は、造船ではごく当たり前の方法だ。

穏やかな海を持つ尾道周辺は、それを広い地域で行うことができた。結果、あちこちにハイレベルな技術力を持つ工場が、育っていったのである。アルミを用いた造船は尾道では３カ所で行われているが、全国では尾道にしかないものだ。商業だけではなく、レベルの高い製造業の存在。それが、尾道の衰退に歯止めを掛けている。

周辺の島々にも広がる造船所。向島あたりならばいいけれど、因島の造船所に配属された人はちょい不便な思いをするとか

地方取材にいくと都銀がなくて下ろすたびに手数料がイラッとくるけど、三井住友銀行があってよかったねえ

しまなみ海道争奪戦は今治優勢！　尾道劣勢!?

今治スタートのほうが多少は楽に走れる現実

2018年の春頃、筆者は大山祇神社を撮影するためだけに大三島にわたってみた。忠海から盛へフェリーで渡りタクシーで、である。タクシーの他に手段はないものかと事前に大三島の観光案内所に電話で尋ねたのだが「え、盛から……」と完全に奇人扱いされてしまった。

しまなみ海道が開通した現在、フェリー需要は確実に減っている。フェリーも以前は上浦までいっていたのだがタクシーの運転手曰く「みんな盛で降りるので、重油もバカにならなくてやめた」とのこと。なんにせよ、風情に欠けるけれども、しまなみ海道は天候にも左右されない便利な道路。この道路によっ

て利便性は格段にアップした。

とりわけ、しまなみ海道には、世界のサイクリストたちから熱い視線を注がれている。すべての道路に自転車道と歩道がついているしまなみ海道。車のほか

バスを降りたら歩いて対岸にいけるのか、そう思って歩いた筆者はバカだった。水も食糧も尽き、ほうほうの体で歩くことになった

に、自転車で走る人も多い。その様子をみようと大三島からバスで因島へ移動。因島大橋を徒歩で歩いてみたのだが、自転車を漕ぐ人たちは楽しそうに走っていく。ちなみに、バックパックを背負って歩いている筆者は変人の類に見えたみたい。途中、イングランドからやってきたという親子連れに「歩いてるのか、なんてクールなんだ」と、すごい笑顔で応援された。ま、因島大橋はバス停からすぐだけど、対岸の向島のバス停ははるか向こう。歩くのは決してすすめない。

そんな、しまなみ海道の拠点として両岸の尾道と今治は覇を競っている。

どちらも、自転車の整備ができる施設や、自転車置き場のある宿泊施設などを準備しているのである。

では、しまなみ海道を走るならば、尾道と今治のどちらからスタートするのがよいのか。この点で優れているのは今治である。

その最大の理由は坂道だ。今治と大島を繋ぐ来島海峡大橋は、しまなみ海道沿いの坂の中で、もっとも高い。なので、尾道から必死に自転車を漕いでくると最後に、ジワジワとキツい坂を上らなければならない。また、その手前でも峠越えがある。いよいよゴールかと思いきや最後の難関。自転車乗りの中でも「坂バカ」と呼ばれる人たちには嬉しいプレゼントだけれども、なるべくなら最後に心が折れるのは、避けたいところだ。また、後半になって「もうダメだ……」とリタイアをすることを考えた場合も、今治スタートが便利。というのも、生口島から先、尾道市に入ってからのほうが船もバスも路線が充実している。無事にゴールして「さて、帰るか」となった時も、やっぱり交通機関が充実しているのは尾道市側。

あくまで「しまなみ海道の本場はウチだ」みたいな態度を取っている尾道市

だけれども、もっと「今治スタートのほうが便利ですよ」とアピールしたほうが、好感を持たれるに違いない。

ちなみに、向かい風になる可能性も今治スタートのほうが低いのだけれども、これも尾道市の積極的なアピールが少ない。悪くいえばごまかしているのである。

このあたり、観光産業が地域に欠かせないものになり、なんとしてでも観光客を呼び込みたいという、尾道市の影の部分が見えてくるではあるまいか。

実のところ、しまなみ海道がサイクリストの聖地となった背景には、両岸の自治体が互いに協力をして、様々な施設やサービスの整備を進めてきたという経緯がある。確かに、自転車で疾走する人々の姿はさわやかだが、溢れんばかりのオシャレ感は、どこか疑問が残る。

こんなに楽しく気軽にサイクリングだけで、ホントに満足感を得られるのか。少しはドロくささも必要なのではないか。ぜひ、名作自転車マンガ『サイクル野郎』を読んで考えてもらいたいものだ。

大三島にある伯方の塩工場は見学もできる楽しいスポット。伯方の塩を使ったソフトクリームもある

大山祇神社は古くから栄える信仰の地である。けれど到着したのが早すぎて清浄だけど人の姿もなかったよ

広島県コラム 5

映画の街・尾道の今

尾道は映画の街である。歴史を遡ると1929年の木藤茂監督作『波浮の港』にはじまり、小津安二郎の『東京物語』。そして、大林宣彦の尾道三部作など。とにかく、尾道は途切れることなく映画の舞台として使われてきた。

ただこれだけだと、ありきたりな説明だ。もう一歩踏み込んで書くと、100歳で没するまで生涯を映画に捧げた新藤兼人が青春期を過ごしたのも、尾道である。新藤は現・広島市佐伯区の生まれだったが幼少の頃に生家が没落。尾道警察署に勤務していた長兄の家で居候暮らしを送っていた。その長兄の家の隣が大林宣彦の実家だったというから、奇縁は繋がっている。

居候の気詰まりな暮らしをしていた新藤が、映画を志したのも尾道。久保一丁目にあった玉栄館で山中貞雄の『盤嶽の一生』を見て「これだ」と映画をやろうと思ったと回顧している（ちなみに、『盤嶽の一生』のフィルムは現存してい

ない)。

青春映画のみならず、社会派映画をも生み出した尾道の街。なんだか高尚な映画人ばかりが集うような気もするがそんなことはない。

勝新太郎と田宮二郎が出演する『悪名』は、勝演じる、八尾の朝吉と呼ばれる河内の暴れん坊が、相棒となる田宮演じるモートルの貞が画面狭しと暴れ回る人情アクション。その、第一作には、浪花千栄子演じる麻生イトという2000人もの子分を率いる女侠客が登場する。この麻生という女性は実在の人物で、髪を男のように刈り上げて、筒袖に兵児帯、額には刀傷もある粋な女親分だったと記録されている。そんな人物を描いているため、単なる娯楽作品としてだけでなく、尾道の近代史も感じることができる作品になっている。

そんな映画の街であった尾道だが、映画館がない不遇の時代もあった。1993年には尾道松竹だけになり、2001年には、それも閉館してしまった。だが、2008年にシネマ尾道が開館したことで「映画の街なのに映画館」がないという奇妙な状態に終止符が打たれた。

また、シネマ尾道のある通りは「幽霊通り」と揶揄されるまでに寂れていたが、開館以降は人の流れがガラリと変わっている。2017年からは尾道映画祭もスタートし、その「復活」がより一層アピールされている(始まったばかりなので、まだ問題も多いようではあるが)。

映画の栄枯盛衰とも奇妙な形でリンクしてきた尾道の街。その復活はやはり映画と共にある。

第6章
まちづくりがヘタクソ！
どうしようもない福山のグダグダ感

備後意識の高い福山人は広島でもない岡山でもない異人種

対立はあまりしないけれども広島市は遠すぎて気にしない

そもそも、広島県を扱うこの本で福山市について書く必要があるのか。それくらいのレベルで、福山市を核とする備後地域は、広島感がない。とはいえ、尾道市も扱っている以上は、福山市についても言及しないわけにはいかないので、論じていくことにする。

旧・備後国。それも、福山の人々は自分たちが広島県民であるという意識が希薄だ。もちろん、住所で書く以上は広島県民であることは認めなくてはならない。それでも、県庁所在地である広島市とは、気質も何もかもが異なる。福山人が親近感を抱くのは、広島県よりも岡山県のほうである。ただ、岡山県とはいっても岡山市や倉敷市と強固な繋がりを持っているわけではない。岡山県でも中心を離れた井原市や笠岡市と一体化しているのである。

つまり、福山人とは広島人でもなく岡山人でもない福山人という独立した「民族」と考えたほうがよい。そうした意識が、形成されたのは江戸時代頃からだろう。江戸時代の福山あたりは、交通の要衝であることから備後福山藩として水野家、松平家、阿部家と譜代大名が治めてきた。同じ備後国内でも北部の三次あたりは、広島藩。三原も広島藩。現在の三次市は北西部が広島藩で東部が福山藩という配分。広島とは違う福山人意識は、備後の中でもけっこう限られた範囲で醸成されてきた。

現在、備後都市圏といった場合には、福山市を中心に西は尾道市から三原市、東は井原市や笠岡市までをも含む。同じ都市圏に属してはいるけれども、福山人には自分たちこそ中心であり、トップであるという意識が根強い。

ただ、福山市の広島市に対する意識というのは、岡山県内における岡山市と倉敷市の対立ほど深刻なものではない。岡山市は、高度成長期に倉敷市が土壇場で合併を拒否し、政令指定都市になる野望が潰えた経緯もあったりして、いまだに火花を散らしている。この対立は、互いの市が隣り合っているから起こる仕方のないもの。対して、福山市と広島市は、距離も離れているためか、対立するほど意識する必要もないのである。

広島県なのに広島県ぽくない福山市。その生活スタイルも、いわゆる広島人のものとは大きく違う。広島人は、関西風お好み焼きに親でも殺されたかのような怒りを常に抱いている。たとえ家庭料理であろうとも、広島人の前で戯れに関西風お好み焼きをつくれば殺されても文句はいえない。冗談だと思うだろうが、本当だ。かつて、筆者は広島文化圏の三次人の前で、半笑いで関西風をつくりはじめたヤツに命の危機が生じる場面を目撃したことがある（徳川だけは例外だけど）。

でも福山はそうではない。どちらかといえば広島風が好まれているが、関西風への許容度も高い。そして、さほどお好み焼きに熱い想いは持っていない。日常的な地元メシの一種、くらいの感覚だ。カープの応援も確かに熱心ではあるけれども、広島人ほど熱狂的な人は少ない。ただ、岡山県内と違って阪神ファンはあまりいないので、そのあたりはやはり広島である。

テレビや新聞も、やっぱり広島色は薄い。広島の県紙は『中国新聞』だが、福山市では岡山の県紙である『山陽新聞』を読んでいる人も多いのだ。山陽新聞のローカルページで語られるのは、せいぜいが備後都市圏の話題。広島市のローカルなニュースを見聞きする機会など、まずあり得ない。つまり、自然と「広島情報」に疎くなり、「岡山情報」や「倉敷情報」のほうに、日常的に接することになるのである。

広島市とはまったく異なる文化を持ち、独自に発展してきた福山市。その独自性の中で忘れてはならないのは、風俗を中心とした歓楽街が栄えてきたことだ。この背景には、産業都市だった影響はもちろんだが、それ以上に風俗の規制が厳しい岡山県に隣接していることがあげられる。岡山県民が「遊び」にいくとしたら福山か高松。そうしたルートが完成しており、こうした面からも、岡山方面の人々と接触する機会が多かったのだ。

人が目を背ける裏の部分まで含めて、地域の需要を引き受けてきた福山市。そうした地味だけど重要なものを育んできた経緯が、独立性をより濃厚なものにしているのだ。

立派な福山市役所は「広島県の中での存在感」をアピールしたい福山の本音が含まれている？　ともかく福山の独自性はかなりのもの

広島県民ではあるが、明らかに広島市など旧安芸国とは気質が違う福山人。広島市との距離的な断絶は新幹線ができても変化なしだ

宝の持ち腐れ！ 城を活かしきれない福山のジレンマ

城をぶっこわしてきて今さら手のひら返しか

福山駅を挟んで、北口と南口の落差は激しい。様々な問題点があるとはいえ、南口はさすがに備後地域の中心都市の貫禄。ところが、北口に回るとどうだろう。小さなロータリーらしきものはあるけれども……あとは、コンビニとビジネスホテル。北口には福山城があるというのに、どーんと天守閣を見ることができるわけではなく、石垣だけが視界に入る。

北口は、福山城をランドマークとして美術館や博物館もある文化的なエリアになるポテンシャルを持っているはず。でも、まったくといってよいほど存在感は乏しい。これでは、せっかくの城が、もったいないばかりである。

そのことに、さすがの福山市も気づいているのか、2018年4月から福山駅周辺の再開発の指針を定めた「福山駅前再生ビジョン」をパンフレットにして公開している。この原稿を書いている現在、福山市の公式サイト内の「福山駅前再生ビジョンを策定～〝働く・住む・にぎわい〟が一体となった福山駅前の実現に向けて」と、題したページには「〝働く・住む・にぎわい〟が一体となった福山駅前」として、イメージイラストが大きく掲載されている。一応、下の方に「※このイラストは、めざす福山駅前の姿をイメージしたものです」とはあるのだけれど、このイラストはちょっと酷い。なにが酷いかといえば、現実との乖離が酷いのだ。福山駅の北にそびえるのは福山城。そこから駅舎があたかも城の大手門のごとくイメージで描かれ、南口には人々が憩う芝生が敷かれ、花の咲く広場が。

次項で詳しく解説するが、南口を再開発する際に市民からは、こういうのをやろうという意見が出たにもかかわらず、それを無視してバスターミナルや地下施設を作ったのは福山市。それを今さら、パクったかのごときイメージイラストを描くとは……。

様々な議論になってはいるが、福山市の方針では、福山城は再開発の核。今は、鉄道によって分断されているが、もともと駅南側の伏見町なども城郭の内側。そこに、良好な状態で保存されているであろう、石垣などの文化財を生かし、歴史を感じる空間をつくるなどの目論見が「福山駅前再生ビジョン」には、記されている。駅南口の再開発を終えてしまってから、いったいなにを？ 謎は尽きない。

福山城は、天守閣こそ戦後再建されたものだが日本１００名城のひとつ。一国一城令の後に竣工したことから、近世城郭の円熟系と評されることもある。天守閣をはじめとする大部分は、空襲で消失。その後も、城の遺構は破壊の限りを尽くされてきた。現在のふくやま美術館や、ふくやま草戸千軒ミュージアムを建設する際にも出土した城の遺構は、破壊。その後も駅周辺の開発のたびに、福山城の遺構は破壊され続けた。

南口再開発の目玉として、地下送迎場を建設する際にも、外堀の遺構が出土し、計画の続行か保存か、意見は二分された。結果、計画は一部を変更。保存はされたものの、展示は困難として埋め戻されたのである。

戦後再建された福山城に登ると晴れた日なら、瀬戸内海も見渡せる。展望台としての機能はかなり良好だ

これまで、福山駅周辺の開発の中で、福山城は、ある意味で無用の長物のように扱われてきた。それを、突如として再開発の中心に据えようとしているのだから、驚きである。

福山城を観光の目玉にしようとする計画が目標としているのは2022年の築城400年。そこに向けて、福山市では2018年4月から、かつての城の姿をCGで再現する計画にも着手している。これまで、遺跡保存に消極的だったにもかかわらず、突然始まった福山城を生かしたまちづくり。今の福山駅周辺に必要なのは、再開発もすべてリセットしてやり直すことなのかも。

紆余曲折の福山駅前再開発 ユーレイビル化した建物も

街の第一歩が台無しだった　旧・キャスパの廃墟化

福山駅南口は、福山市内でもっとも多くの商業施設が並ぶ一大繁華街。そのはずなのに、漠然とした寂しさがある。その理由は、やはり駅前の旧・キャスパが長らく廃墟になっていたことだろう。駅にもっとも近いビルが廃墟では、初めて福山を訪れた人に「ダメだな、この街……」と、最悪な第一印象を与え続けていたのだ。

長らく廃墟となっていたこのビルだが、かつては栄華を極めた。もともと、このビルは1976年に鞆鉄道バスセンターの跡地に「福山駅前共同ビル」として開業。その後、イズミが出資して専門店とイズミの入居するビルに。その

福山商業施設変遷史

1987年	福山駅前共同ビル（三之丸町）がキャスパとして新装開店
1999年	ポートプラザ日化（入船町）開店
	福山ビブレ閉店
2000年	福山そごう閉店
2003年	福山ロッツ開店
2005年	フジグラン神辺開店
	ダイエー福山店閉店
2006年	伊勢丘モール開店
2008年	福山繊維ビル滅亡
2010年	ココローズ開店
2012年	キャスパ閉店
2013年	福山ロッツ閉店
	リム・ふくやま開店
2019年	旧キャスパビル解体を開始

※各種資料により作成

後、最盛期となった１９９０年代には服飾店を中心に１２０店舗あまりが入居。福山を中心とした備後地域の流行発信拠点となり、一時は三原どころか岡山からも客が集まり、レジには行列のできる時代もあったという。ところが、２０００年代に入ると、街の中心は郊外へと移転していった。

とりわけ福山駅前で衝撃的だったのは、フジグラン神辺が誕生した2005年、駅前にあったダイエー福山店が閉店したこと。その後、衰退の流れは止まらず、閉店の決まった2012年には地上8階、地下1階のビルの中に40店舗が残るだけとなってしまった。

こうした中心街の専門店ビルの衰退は時代の必然。それにあわせてリニューアルするなり、解体・新築へと動けばよかったのだが、キャスパは、なかなかそうできなかった。というのも、個人所有のテナントが混在していたため、キャスパの看板は外しても、一部のテナントだけが営業しているという状態が継続していたからである。

ユーレイビル状態がついに終わりを迎える！

そうした事情もあって、再開発は容易に進まなかった。キャスパの閉店後1年になる2013年には、福山商工会議所会頭も務めるトモテツグループの林克士鞆鉄道会長は「にぎわい施設を中心に検討しているが、厳しい経済情勢が続き、新たな収支モデルが描けない」と発言している。にもかかわらず福山市は「民間の土地、建物。行政は口を挟めない」と動こうとはしていなかったのである。

翌年には、建物を耐震改修した上で利用が計画されていると一部で報じられたが、それもなかなか具体化しなかった。その後も、駅前中心市街地の人通りの減少は続いた。2014年の調査では2011年に比べて人通りが平日で23・6パーセント、休日で5・8パーセント減少という惨憺たる結果に終わってしまった。それでも、容易に再開発計画は進まなかった。2013年以降、トモテツグループは新たな入居者を募ったが契約には至らず、解体・新築をしようとしても、ビルの建設費が高騰する中で再開発に見合う投資回収が疑問視されたのだ。

しかし、2018年になりようやく具体的な動きが始まる。旧・キャスパに隣接する「福山と〜ぶホテル」を、穴吹興産が取得した（妙な名前だが、元は東武グループが福山東武ホテルとしてオープンし経営移譲されたもののよう

ようやく再開発が始まった旧キャスパ跡地。駅前の一等地がユーレイビルだったおかげで福山が被ってきた悪影響ともこれでおさらばだ）。これに合わせて旧・キャスパの一部も穴吹が取得していることが報じられたのである。

さらに、ホテルに隣接するアニメイトが入居するビルとして知られていたトモテツビルの解体も決定した。これらのビルを取り壊した後に、総合的な開発が始まったのである。長きにわたって、足踏みが続いてきた旧・キャスパ。では、これから具体的にどういう形に生まれ変わるのだろうか。

とりあえず複合施設だが中身が重要

旧キャスパ流浪の経緯はこれまで説明してきたとおりだが、その跡地には、ある種お決まりの「複合施設」が作られることになる。解体が始まったのは2019年の7月からで、翌2月にはおおよそ終了し、いよいよ建築段階に入った。完成予定は2023年頃とされている。

再開発ビルは、北・中・南の3棟構成で、それぞれ地上22階（北）、10階（中）、13階（南）となっている。共通して1~2階は商業施設、北棟は3、4階、中棟は3階より上がオフィスで、あとはマンションやホテルになる予定だ。駅に近い北棟が一番高いことで「ますます城が見えなくなる、南が一番高くて北が低い方が良かっただろう」といった地元の大変まっとうな声もあるようだが、もはやユーレイビル解消が成っただけでも儲けものと考えねばならないのかもしれない。

これにて、徐々に新しくなってきていた福山駅周辺の再開発も一段落。多少は往事の賑わいに近づけるだろうか。まあ、厳しいだろうなあ。

福山ライフを象徴するふたつの天満屋

岡山の企業かと思いきや福山でも地域密着度満点

備後地方の中心福山は、実質岡山県の一部。その印象を色濃く映すのが、天満屋の存在だ。

天満屋はいわずと知れた、岡山市に本社を置く老舗百貨店だ。いまだ、創業以来の非上場経営を維持しつつ百貨店を8店舗。商業ビルを3店舗、そのほか数多くの関連企業を抱える巨大グループである。

天満屋は、元社長の伊原木隆太が、岡山県知事になるほど、岡山の代表的企業としての印象が濃い。しかし一方で、広島県への依存度も高い。かつては、売上の1位を岡山本店が占めながらも、店舗全体売上の半分は広島県内の店舗で稼いでいるといわれていた。

けれども、百貨店という業態が変革を迎えている現代にあっては、その行方も不透明になっている。2006年には、三原店が閉店。2012年には八丁堀店の直営をやめ、商業ビルへの転換が行われた。

百貨店が時代の変化で苦境に立たされて、閉店や業態変換を余儀なくされているのは、どこでも同じだ。それでも、天満屋はいまだに福山市内には2店舗体制を維持している。福山駅前にある天満屋福山店は、いまだ百貨店の矜持を維持している。

それに、入船町のポートプラザ店は、系列スーパーである天満屋ハピータウンとも合体し、より顧客が利用したいスタイルを追求しているようにみえる。

とりわけ、後者にはあまり知られていない大きな売りがある。というのは、大手肌着メーカー・グンゼの男性用肌着の売り上げ、トップは、もう何年にもわたって、天満屋ハピータウンポートプラザ店なのだという。なんでも、多い時には千着以上のパンツとシャツが売れるという。かつて山陽新聞に「シャツやパンツ、ブラジャー、靴下…。それぞれの分野で、顧客のニーズに合った品ぞろえを徹底しているのが同店の特長だ。

秘密は商品を発注する月曜日にある。一点一点のタグを確認して、売れ行きや在庫状況をチェックする。形状やサイズ、色などの売れ筋を把握した上で、過去の購入状況や気温の推移なども勘案し、商品を厳選して店頭に並べている。」と紹介されていた。

これは、ひとつのエピソードに過ぎないが、天満屋が地域密着を重視していることを示すものだろう。地元の新聞を広げても、地域の話題として天満屋の名前が登場する機会は多い。というのも、福山店は店舗8階にシティギャラリーを設けていて、ここで書画の展覧会など文化系イベントを定期的に開催している。要は、地域の人々の知的好奇心も満たしてもらった上で、帰りに買い物もしてもらおうという腹づもりなのだ。岡山出身の筆者は、天満屋岡山本店が近所なものでデパートというのは、常に「○○展」のような文科系の催しをやっているようなものだと思っていたのだが、上京して初めてそうじゃないと知った……。

いずれにしても、福山市街地の活性化の行方は、天満屋に負うところが大き

2020年8月、ついに閉館してしまったRiM-f。市では再生事業に着手しており基本的には修繕して再利用する予定だが、さてどうなる

い。2013年には、天満屋が運営していた福山ロッツが開店から10年目にして閉店した。理由は、郊外店との競争の激化だったが、この閉店によって福山からロフトが消滅するのではないかなど、大きな衝撃となった。現在は、福山の2店舗両方にロフトが入居しているので、より便利になった感じを街にもたらしている。

ここからは、天満屋が文化的な要素の希薄な福山に、都会の最先端の文化を知らしめる機能を持っていることが見えてくる。デパートが流行らない時代ではあるが、福山にとって天満屋は、今も重要な施設なのである。

福山の象徴たる天満屋福山店。百貨店不況の昨今楽な状況ではないが、案外「使える」テナントが多く入っており実力は健在といえる

天満屋ハピータウンと合体したことで需要も広いポートプラザ店。周囲にロードサイド店舗もあり様々な需要が満たす

伏見町は再開発ができない！寂れているのに地元は反対

せっかく再開発しても利用具合は低迷気味

福山駅南口の光景は奇妙この上ない。駅前にはバスローターリーがあって、パッと見は整備されているように感じるかもしれない。けれども、送迎のために駅前にやってくる一般車両は、地下に建設された送迎場に流れるようになっている。これは失敗である。というのも、この送迎場を利用した人はそのまま駅へと流れてしまうわけで、周辺の施設利用の可能性は、まったく奪われてしまっているのだ。ならば、送迎場と合体している地下駐車場に車を停めて、天満屋なりなんなりに立ち寄りを……。駐車場が無料で使えるのは15分まで。せめて、30分無料とか、買い物したら無料とか、色々とやりようがあると思うのだが……。

そして、駅への動線も混乱を極めている。この送迎場まで送ってもらって駅に向かうとする。案内に従って、出るのは福山駅の正面。駅とは連結していないのである。僅かな距離とはいえ雨の日は傘をささないといけないのではなかろうか。通例、こうした施設を建設する場合には、いくつもの出口を設けるハズ。でも、送迎の目的を駅から電車を利用する点に固執したからだろうか。天満屋なりなんなり、市街地のほうにはまったく出口が設けられていない。それどころか、ほぼ真上に位置するバス乗り場にも、直接はいくことができない。ただただ無駄な動きをさせられるつくりになっている。

この整備には21億円が費やされたのだが、こんな不便なつくりのために利用は低迷している。朝夕のラッシュの時間になると、車で送ってもらう人はだいたい近くの横断歩道のところで車を停めてもらい歩いて駅に向かうのだ。それどころか、乗り降りのために車道を歩く人もいて、福山駅南口のラッシュは余計に混乱を来している。

そんな状況ゆえに、今や再開発は頓挫する事態となっている。半ばゴーストタウンになっている伏見町一帯は、２０１６年に再開発組合が解散するという事態に至った。伏見町では80年代に再開発に向けて「福山市伏見町市街地再開発準備組合」が結成。以降、30年あまりにわたって、ホテルや病院、学校などを誘致する再開発案が練られてきた。ところが、いよいよ計画も決まった着工寸前に、計画を担っていた広島の大手デベロッパー・アーバンコーポレイションが倒産。大型商業施設誘致に失敗したことで、ついに解散の憂き目をみたのである。

この再開発計画の破綻もまた、送迎場建設が、ひとつの理由となったとみる市民も多い。南口の再開発にあたっては、市民団体からは福山城の石垣遺構を守る形で、南口に公園を建設するプランも寄せられていた。そうしたプランが持ち上がったのも、福山駅前に人が集まるスペースが不足していることへの危機感。ところが、それは実現されず現状のような南口の整備が行われてしまった。再開発にあたって福山市が重視したのは、人が滞留することよりも、交通の結節点としての機能。新幹線・のぞみの停車駅にもなった福山市の玄関口から、旅行者が便利にバスやタクシーに乗れる……ほうが、優先されたのである。

とりわけ悲惨なのは、再開発が頓挫した伏見町だろう。駅前広場に面した「伏見町4―38」の2016年の公示地価は、1平方メートル当たり49万5000円で10年前から3割減。1990年代初頭の10分の1の水準にまで低下していた。もはや、繁華街というよりも廃墟である。旧キャスパ周辺は、ビジネス客相手の飲食店も増えてはいるが、賃料の安さが魅力だという。駅は単なる通過点という考えに凝り固まった末に、出来上がってみたら大失敗の福山駅再開発。どう巻き返していけばいいのか。

※　※　※

ユーレイビルと並んで廃墟化の危機に瀕していた伏見町。状況はそれほど変化しているともいえないが、新しい動きが出てきたのは事実だ。

お決まりではあるが、伏見町にも「リノベーション」の波がきた。これは、古い商店街などの建物を、できるだけそのまま改装し、あわよくば「味」を活かすという考え方が主流。伏見町でもその流れは起こっており、とりあえずタピオカミルクティーの店ができているのは明るい（？）話題だ。とはいえ、やっぱり前途は多難。今の感じで進んでいってくれるのはアリだと思うけどね。

昭和な文化財として保存してもらおうという戦略まで出てきた再開発地区。廃墟を観光地にする手もあるね

福山の歓楽街はいまだに昭和感たっぷり

中心街がないまま発展した福山

福山市の市街地が、いまいち伸び悩んでいる理由。それは、メインになる地域や通りがないままに、街がてんでバラバラに発展していることにあるだろう。例えば、福山駅前。天満屋福山店やアイネスフクヤマなど拠点となる施設はある。けれど、そこからリム・ふくやま（現在は閉店）へ向かうとどうだろう。確かに、店はちょこちょことあるし人通りもあるけれど、いまいち繁華街という感じがない。どこを歩いても裏通りがあって、突然、人が集まっていたリム・ふくやまが現れるといった感じ。こんなに面積は広いのにここぞと人が集まる通りがないのが、福山。通例、地方都市において駅前からまっすぐに伸びる通

りというのは、繁華なはずなのになにか寂しげだ。

そんな福山だが、さすがは広島県でも有数の都市という側面も備えている。それは、夜の歓楽街の充実ぶりだ。なにせ、福山ローカルの風俗情報を掲載しているサイトやフリーペーパーもあるくらい。男の遊びスポットが多いのは、これといって人がいきたくなるスポットに欠ける福山の唯一の面目躍如といえるだろう。

そんな福山の歓楽街は、昭和町・入船町・松浜町あたり。昭和町はスナック・ラウンジといった町名そのままの昭和な雰囲気のあふれる店舗が、いまだ生き残っている。対して、入船町・松浜町にいくとキャバクラ・風俗系の店舗が多めである。草食系男子が増える一方の21世紀の現在だけれど、福山の風俗産業は、今なお盛んだし、一杯飲んでから、勢いで最後に風俗に突入するという流れが多いのか、キャバクラやセクキャバの店舗前では客引きが立っているのも日常風景。さすがに、そんな夜の風景は、ちょっと撮影を躊躇した。そんな首都圏などでは社会浄化によって失われつつある怪しさが、いまだに現存しているのも福山の特性というべき。

ピンサロやセクキャバのような、ほかの土地でもよく見る風俗店も盛んな福山だけれど、この町の特徴はいまだに、アレなサービスが存在していること。最近は、風俗マニアがネットで当たり前に情報を書いているので、ご存じの読者も多いだろうが……ちょんの間のごとき本番サービスが、福山にはまだある。この地域では「一発屋」あるいは「パツ屋」と呼ばれるのが、それである。夜、この界隈を歩いていると、客引きのお兄さんに声をかけられるから、遭遇するのは楽。体験者に聞いたところ、お兄さんについていくと、○○部屋みたいなところに案内されるんだとか。そのあたり、福山の夜の遊びは、まるっきり昭和な感覚が、継続しているといえるだろう。

もはやこの場所は無理がありすぎる

備後都市圏の中心都市として、風俗も大いに栄えて来た福山。でも、その繁栄もかつてほどではない。理由はやはり、市街地の衰退である。前述の通り、繁華街がてんでまとまりなく発展してきたことのツケは、夜の街にも影響を及ぼしているようだ。

もともと、福山の夜の歓楽街は、松浜町にあった遊郭から発展してきた歴史がある。かつての遊郭があった時代であれば、周辺地域から、ちょっと隔離されたような雰囲気というのは、よかったのかも知れない。でも、今となっては不便である。なにせ、商店もほとんどなくなり単に住宅地となった地域に囲まれるようにして歓楽街がある。おまけに駅周辺の繁華街から歩くとなれば、ちょっと遠い。入船町・松浜町あたりの歓楽街も人口に対しては、ちょっと広すぎる。今、福山に求められているのは、歓楽街をコンパクトに再編していくというスタイルの再開発なのかも。

夜になると欲望むき出しの男たちが集まってくる福山の歓楽街。21世紀だというのに、昭和な雰囲気が丸出しなのが特徴だ

広い国道2号を越えていかなくては風俗へは行けぬという問題も。これも一種の隔離といえなくもない

情緒もへったくれもない鞆の浦観光の拠点・福山

風光明媚で情緒もあるのに福山駅前が酷すぎ問題

鞆の浦は、古代から栄える風待ちの港。万葉集には、大伴旅人の詠んだ「吾妹子が見し鞆の浦のむろの木は常世にあれど見し人ぞなき」などの歌も残されている。

仙酔島などの島々がおりなす多島美は、古くから文人墨客に愛された。また、織田信長に追放された、室町幕府最後の将軍・足利義昭は、一時、この鞆の浦に拠点を置いた。このことから「鞆幕府」という呼称も伝わる歴史のある土地なのである。

現代における鞆の浦の文化的価値は、かつて港町として栄えた頃の風景が、ほぼそのままに残されていること。常夜灯や船番所など江戸時代の港の施設はそのまま。それどころか、街路も江戸時代の町絵図のまま。そんな風景が残されているのは、この鞆の浦しかない。最近では、宮崎駿が『崖の上のポニョ』の構想を練るために、鞆の浦に滞在したことが知られ、観光客が訪れるきっかけにもなっている。工業都市としての側面が強い、福山市において、もっとも重要な観光スポットである。

この風光明媚な土地に観光客を呼び込む施策は、まだ発展途上といえる。2016年の統計では、鞆の浦の入込観光客数は126万3000人。宮島の520万人に比べると差を付けられてはいるものの、県内有数の観光地としての地位を築いている。ところが、鞆の浦を歩けばわかるが、ここでは外国人観光客の姿が極めて少ない。広島県の有名観光地というのは、宮島も尾道も外国人観光客の多さが目立つ。ところが、福山市の観光客はといえば日本人ばかり。2015年の外国人観光客数は6万人。県内の市では広島の102万9千人、廿日市の23万5000人、尾道の21万4000人に次ぐ4番目なのである。4番目といえば、聞こえはいいけれども3位の尾道に比べると、雲泥の差がある。

今後、日本の観光産業を支える重要な要素となる外国人観光客の呼び込みにしくじっているのは、大きな問題だ。そして、日本人観光客へのケアも足りているとはいえない。

観光地としての完成度は思ったより低かった

実際に鞆の浦を訪れてみると、一目瞭然だが「一度行けば、もういいかな」と思う人は多いのではないだろうか。まず、鞆の浦にたどり着くまでが旅の情緒に欠ける。福山駅から鞆の浦へ行こうとすれば、バスが定番の手段。でも、福山駅前の風景というのは、あまり観光客に優しくないもの。観光で一日の長のある尾道や呉に比べると、観光案内所も小さいし、鞆の浦以外に見るところもなさそうな雰囲気でいっぱいだ。

そこは我慢して鞆の浦にたどり着けば、まあ半日は楽しめるだろう。だが、その鞆の浦から脱出しようとすると、ほぼ福山駅前に戻る以外に手段はない。一応、鞆の浦から山陽本線の松永駅へ向かう路線はあるけれども、バスは少ない。尾道へ向かう船便は、定期航路ではなく季節運行のみ。鞆の浦で歴史的な情緒のある風景を楽しんだ後、帰ろうとすれば即座に、情緒もなにもない福山駅前に引き戻されるのである。

そんな、観光地としてのヤバさには、すでに福山の人々も気づいている。そこで、観光客を増やし、さらにリピーターも増やすための取り組みも始まっている。

毎年、初夏に行われている江戸時代の伝統的な漁「鞆の浦鯛しばり網漁法」を観光客に見てもらい、魚を直売する「観光鯛網」は、１９２３年から行われている伝統的な観光事業だが、近年のＰＲによって見学者はかなり増えているという。拠点となる福山駅周辺の情緒のなさを克服するだけのアピールが、鞆の浦観光には求められている。

※　※　※

鞆の浦は完全に観光地として生きてゆく方向へ舵をきっているが、結局のところ、それは逆効果となっている可能性がある。

『崖の上のポニョ』による知名度アップが街の運命を左右した。街の景観こそが最大の売りであるとし、その保護によって観光需要を掘り起こそうとしたわけだが、それにより、計画されていた埋め立てや道路の拡張などが廃止、変更されることになる。だが、肝心の「変更された計画」のうち、トンネルはいまだ手がつけられておらず、不便さの解消がなされないことで、少子高齢化の進行は全く食い止められていない。おかげで、スーパーの閉店などさらに不便さは拡大しているという。

２０２０年以降、新型コロナウイルス感染症問題によって観光業は全国的に壊滅状態だが、鞆の浦はその「回復」に他の地域よりも長い時間がかかる可能性もある。パンデミック状態の中でも、人々はレジャー欲を満たすために外出をするわけだが、その対象は「近場」になる。これは日本に限らず世界的な傾向だ。

そうなると、距離は近くても「遠い」鞆の浦が、近距離観光の対象として選ばれる可能性は低くなる。逆に、宮島のような交通至便の観光地は、かなりのスピードで回復する。ここで「過剰な」景観保護が徒となってくる。距離は福山駅や尾道駅から近いのだから、計画されていた道路や橋が予定通り作られていたら、鞆の浦も「近距離」になれた可能性はあったのだ。

平日でもそこそこの観光客が集まる鞆の浦だけど福山駅前からのピストン以外にルートがないのが最大の難点

　また、観光優先で地元を疲弊させてしまったことは、明確な逆効果といえるだろう。優秀な観光地とは、結局の所豊かな土地で豊かな生活をしている人々を見に行き、その輪にちょっとだけ入れてもらうという体験をさせているところだ。それなのに、鞆の浦では買い物難民の老人たちが、苦難の遠出をしているわけ。これじゃあ、せっかくの景観も、地元の悲しみにかき消されてしまう。

　コロナ渦の起こる前なら、この状況も時間が解決したのかもしれないが、もうそこには期待できない。抜本的な対策を、考えるべきタイミングである。

広島県コラム 6

復活した草戸千軒

福山市の歴史を語る上で欠かせないのが草戸千軒である。鎌倉時代から室町時代に栄えたこの街は、多くの商工業が営まれ、大陸や朝鮮半島とも交易していたとされる中世の一大都市であった。

その中世都市があったのは、芦田川の河口。現在は、干拓が進み内陸寄りになっているので、想像し難いが草戸千軒遺跡のある場所（実際には、治水工事が行われたため、ほとんど現存していない）は中世には河口であった。

消滅してから長い間、この中世都市の存在は長らく忘れられていた。江戸時代の中頃に備後福山藩士・宮原直倁の記した地誌『備陽六郡志』の中に「草戸千軒という町があったが、寛文13年の洪水で滅びた」と記されていたに過ぎなかった。

その街が再び脚光を浴びたのは1930年代に入ってから。芦田川の流路変

更工事が行われた際に、大量の古銭や陶磁器が発見されたのだ。その後も本格的な調査は進まなかったが、1967年に、芦田川の河川改修計画が決まったことで調査は本格化。川の中州という地下水の豊富な場所だったため、木製品や繊維なども多数出土し、交易だけでなく様々な産業の栄えていた街の実態が見事に明らかになっていったのだ。この調査によって、農民以外の様々な職業が存在した中世の豊かな世界の状況が歴史学の世界でも注目されるようになったのである。

さて、その草戸千軒は教科書でも「洪水で滅びた」と記されている。だが、発掘調査を踏まえた研究では、それは間違いでないのかと考えられるようになっている。『備陽六郡志』

の記述では、草戸千軒という街があったという記述の後に、洪水について記されているのだが、どうも街があったという記述と洪水の記述は、別の話題なのではないかと考えられているようだ。

というのも、発掘調査では時代が新しくなるにつれて井戸や溝が埋められて使われなくなるなど、明らかに街が衰退していた痕跡が見つかっているからだ。一時は大いに栄えた草戸千軒も、結局ダメな街になって見捨てられていったのか。この本に登場する現在衰退傾向にある街も、あと数百年を経たら、遺跡として発掘されることになるのかもしれない。その時、発掘者は21世紀の広島の街をみて、何を思うのだろうか。文化財として扱ってくれるのだろうか？ そうしたところに、歴史のロマンを感じる。

第7章
改めて見つめ直したい広島県の未来像

広島駅北口再開発の真意は老朽化した中心部の一掃か

今度の主役は二葉の里地区

都市部の再開発と郊外のニュータウン。これまでも多数の事例をみてきたが、ここではこれから始まる新しいまちづくりと、県都・広島市の将来ビジョンをみていこう。

まず、すでに完成型が見え始めているのが、広島駅北口の、「二葉の里地区」である。二葉の里地区は、広島駅北口エリアのほぼ全域。猿候川近くからJR広島病院、北は広島東照宮というのが、おおよその範囲だ。

元々、北口エリアは軍用地。広島駅自体が、日清戦争に際し、全国から兵士を鉄道で終結させ、そこから宇品港へ移動し、船に乗って朝鮮半島という兵員輸送基地として発展した場所。駅の近くに広大な敷地がなければ、とても数万の人員を円滑に運用することなどできなかった。

戦後は国鉄が使った。軍隊ほどではなくても、巨大鉄道会社は乗務員の宿舎や車両倉庫、地域拠点駅としての事務作業オフィスが必要だし、貨物便もある。やはり広大な敷地は便利だった。

しかしそれも、各種技術の発達で余剰になり、ついに２０１２年から用地の売却が始まった。そもそも軍事施設だっただけに、鉄道以外の交通網も優れている二葉の里。広島市では、ここを主に、ビジネス街にしようとしているのだ。

広島テレビ、広島東警察署、イズミの本社などはほぼ完成。あとは山陽道に直結する高速道路の開通を待つばかりだが、これも先が見えた状態だ。併せて、北口方面にはホテル群がニョキニョキと増えており、これをもって広島駅が、北口がビジネスの街、南口が市民の街といった「棲み分け」になりそうだ。

このほかに、商業施設も出店。前に文句をたれたところだが、ここにやっとこイケアがくる（笑）。これをもって、広島も中途半端な状態を脱し、本当の都会に昇格することだろう。

そろそろ完成が見えてきた広島駅北側の広島高速5号線出口。完成予定は2021年3月頃。これによってどんな変化が起きるかに期待

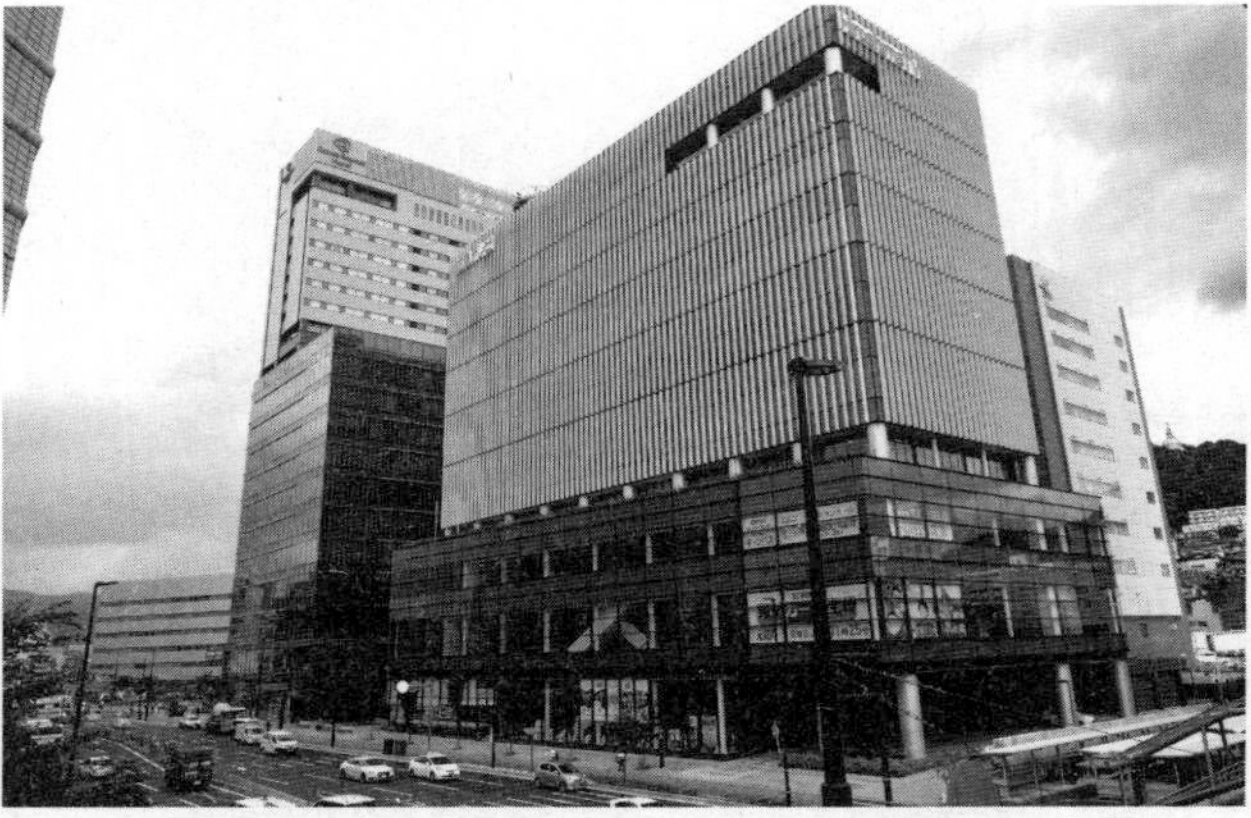

目立つ大型ビルも完成し稼働状態に入った広島駅北口の「ビジネス街」。ただ、本音をいえばもう数棟はこういうビルが欲しい感じか

できるところから開発している現状

広島市が急速な開発に乗り出したのはなぜか。それはやはり、人口減少期に向けた対策だ。広島市のマスタープランには、はっきりと「集約型都市構造への転換」がうたわれている。これはつまり、昨今よくいわれるコンパクトシティ化というものだ。これは、要するに公共交通だけで生活のすべてを便利に送ることができるまちづくりのことを指す。広島市のビジョンでは、広島駅から平和記念公園までのいわゆる「市内」、他は宇品、井口、西風新都、緑井の4カ所を広域拠点都市、さらに横川、西広島駅周辺、五日市、船越、古市、大町、可部、高陽を地域拠点としている。プランには「既存の集積の維持を基本」とするとあるので、これ以外の開発を行う気は今のところないというわけだ。

西風新都から西広島への鉄道路線開通は、コンパクトシティを実現するために、という視点でみると、確かに必要だ。おそらく、西風新都から横川までの、高速道路に併走する鉄道も作りたいというのがホンネだろう。

ただ、本当のホンネは、もう少し別の所にあるのではないか。これまで見て

新しいオフィスビルの周辺は今風の景色になる。きれいで機能的なのは歓迎したいがなくしてはならないものが消えてしまうことも

きた再開発は、基本的に農地や山間部、工場跡地などを利用したものが多い。でも本当は、市内の周辺に広がる老朽化した住宅を一掃し、高層マンション群を建てたいのが市のホンネだろう。文化保持の観点からむずかしい箇所があるとしても、わざわざ崖の上に街を作るより、中心部の方がいいに決まっている。口に出せないのは、用地買収などスケジュールの組めない要素が多すぎるからというだけなのだ。

実際、幾多の困難を乗り越えて開発が進んでいる広島駅周辺やマツダスタジアムの周りでは、高層マンションが増えている。状況が整ったらすぐやるのは明らかだ。だから、緑井や西風新都に家を買うのはまだ早計なのかも。本当は一掃したい。

しかしそれに成功すれば、広島市は確かに、微妙な一流都市から知名度にふさわしい超一流都市への進化を遂げる可能性は大いにある。広島市の進歩にとって、手がつけられなかった古い街は確かに邪魔になっていた。しかもそれは、原爆投下後の混乱に始まる長い歴史の積み重ねのなかで生まれてしまった「障害」だっただけに、おいそれと手をつけられるものではなかった、そういう場所も、今も厳然と存在しているのである。

しかし時代は流れ、残さなければならないものと、更新してしまってもいいものの区別をつけるときが、ようやくきたのだろう。この調子で開発が進むと、もしかしたら取り返しのつかない「破壊」をしてしまうかもしれない。しかし、その恐怖よりも、今は迫り来る人口減を目前にした、都市発展による問題解決に、賭けなければいけない時期なのではないだろうか。

慎重に大事な物を見極めて超一流県への道を進め！

広島ブランドの強さを認識すべし

本稿執筆時点の2020年秋において、インバウンドで賑わった広島県の姿は遠い昔のものとなってしまった。だが、広島県に外国人観光客、それも欧米からの訪日客が多かったのは、日本国内以上に、HIROSHIMAのブランド力が、海外で高いことを示していたと考えるべきだろう。そこには、絶大な自信をもつべきなのだ。

特に県都の広島市は魅力的な街であり、宮島など文化遺産へのアクセス拠点であると同時に、街全体が巨大な「遺跡」なのである。その意味では、ローマや西安と同格であり、ともすればポンペイやマチュピチュのような意味合いも持っている。街の作りがヨーロッパ感覚に近いコンパクトさなのも、ツーリストから好感を持たれていると聞いたことがある。東京や大阪は、無理矢理分類すればロサンゼルスのような分散型であり、アメリカ的だ。インフラ網が整っているからそれほどの距離感はないが、無駄に広すぎる。夜間飛行機で海外旅行をしたことがある人は目にしただろうが、例えばパリなどは空から見るとやたらと光の範囲が狭い。それに対して、成田や関空に降りるときの、広大な面積が光る都市圏には目をみはるものがある。これは、各種の経緯や地形の問題で、「広島市が大して発展できなかった」ことの結果でもあるのだが、今後コンパクト化を推し進めていくという観点、観光客を呼びやすいという観点では、結果的に良かった、とこれからは捉えるべきかもしれない。

さて、広島の現状を好意的に捉えた上で、もうひとつしっかり考えたいことがある。それは近現代史をいろいろな側面から見ることと、現在の「広島県民の気分」である。

これまで説明してきたとおり、安芸、備後両国は、先史時代から文明の中心部の郊外にあり、他の地域に比べれば、比較的のんびりした地だったが、日清戦争指揮の本拠地となり、海軍の拠点となり、軍需産業の集積地となって、一気に栄えた。福山の繊維産業も、いわゆる殖産産業、富国強兵の流れの中にある。

数百年、数千年単位でみた場合、この明治から昭和20年までの短い期間は、広島県本来の実力を遙かに超えたバブル期だったといえるだろう。

しかし、バブルは弾けるもの。中心の広島市が軍都として最重要地であり、それでいて地方都市だったがゆえに、原爆の攻撃目標となった。古今東西最悪のバブル崩壊である。

取材中、市内の老人と話ができた。本で読んだ「戦後、広島の人はもう軍隊はこりごり」という気分になった、というのは本当か、と尋ねた。

老人は本当だと言う。確かにそう思った。その人は被爆者ではないそうだが、どうして広島だけなのかという思いは、軍隊がいたからだという答えで納得できた、という。

そのアンサーが、戦後の平和教育なのだろう。実際、広島県の小中学校の平和教育は、他県とは大きく違う（長崎県のケースは煩雑になるのでここでは触れない）。戦争が何をもたらしたのか、積極的に「参加」した結果、どんな思いをしたのかが、過剰なまでに伝えられてきた。

しかし最近、社会の風潮が変化したことで、批判的に捉えられることが多くなった。「実戦」の記憶を持つ人々はもう80代だ。実感をもった「平和が一番」は、風化しようとしている。

反面、「HIROSHIMA」は近年、そのブランド力を増している。原爆の記憶を、ともすれば加害者側(ここでは核兵器の使用という意味に限定する)であった欧米人のほうが、深刻に捉えるようになっているかもしれないというのは、もはや皮肉を通り越して笑うしかない。

だがこれも、そうした時代の変化に対する柔軟性を持たないまま、平和教育を「押しつけた」結果として考えれば、それもやむなし、というべきだろう。残念なことではあるが。

やり過ぎで失敗した歴史を繰り返さない

つまり、俯瞰してみると、広島人は明治以降、ふたつの時代を通して「極端」

から「極端」へ大振れしたと考えられる。過剰な軍需依存から過剰な平和信仰へと。この「極端」の評価は、本来すさまじく慎重になされなければならない。だが、あえてここでは断言しておく。戦前も戦後も、広島県は極端だった。

2017年の大ヒット映画『この世界の片隅に』は、反戦映画でもなければ戦争万歳の映画でもない。ただ、フラットに時代を捉えようとした作品である。筆者にはそう思えた。そしてその結果として、もっと深い意味での「反戦」が成立していると。

それこそが、大ヒットの大きな理由だったのではないか。戦後の「極端」に対する一種の忌避感。ほんの一部ではあるかもしれないが、特に地元でこの作品が受け入れられた要因のひとつに、それがあるように感じる。

しかしだ。平和教育は「根本」から間違っているはずはない。でも、それに少々うんざりしてしまったというのも、否定するものではないだろう。

逆説的にいうと、広島人の「熱しにくく（本当はすぐ熱くなる）すぐ飽きる」気質によって、こうした現象が起きたのかもしれないし、さらにひっくり返して、極端から極端に振れた歴史によって、広島人の気質が構成されたと考えることもできる。

つまり、今後はこの「2回やりすぎた」ことの反省として、またなんらかの極端な選択をする「3回目」は避けるべきだろう。悲劇的な終わりを迎えたとはいえ、軍需産業から始まった産業基盤は今も広島県を支えているし、平和思想は言わずもがな。今も核問題で揺れる世界の中で、もっとも胸を張って意見を述べることができるのが広島と長崎だ。核攻撃の荒野から復興を成し遂げたということは、控えめにいって偉業であるし、誇るべきことだ。

広島県に厳然と残る事実と、「平和とは、国家とは何か」を問い続けたこの70年以上の年月には確実な価値がある。従来の平和教育には一定の修正や方向転換は必要なのかもしれないが、捨て去ってしまっていいものでは決してない。むしろより強化するための、よりよいバランスを探すべきなのだ。

バランスのとれた超一流県とは

さて、そうした「反省」が、広島県には必要なのかもしれない。だが、逆を言えば、それをもってすれさえすれば、現在進む「街の矛盾」を解決させる開発によって、まず広島市や、がんばれば福山市は、県民が自信を持って「良いところだ」といえる「超一流都市」へと進化することが可能だろう。まあ実際は、例えば広島市は、土砂災害が深刻化することがわかっているのに、相変わらず崖を削って宅地を造るという手法ばかり。かといって他に手段がないなど、あまりに難しい課題もあるが、全体のパワーはそれすらも、解決してくれるのではないかという期待を持たせてくれる。

しかしそれだけでは、広島県の発展にはならないし、広島市や福山市の長期的な発展の芽も摘まれてしまう。つまり、広島市のような巨大都市が発展するためには、広島市だけで「超一流」になることはできず、広島県が「超一流県」にならなければならないのだ。

そのために、もっとも重要なのは県内格差の是正だ。広島市とその周辺はとりあえずこの調子で進めばいいとして、問題は呉や尾道のような、旧産業都市で、今は観光都市となっている街とその周辺にある。それまでの工業頼りが通用しなくなった結果、観光に活路を見い出したはいいが、その観光業も、脆弱であることがわかってしまったのが、この２０２０年代という時代なのだ。

これらの都市は、複雑な地形やインフラ整備が「これ以上は難しい」という現状を抱えている。なにか逆転の策があればいいのだが、それを見つけることが難しい以上、ここは勇気を持って「どうすればうまく縮小できるのか」を考える必要があるだろう。

もはや、日本の都市の多くは、現在の規模を維持することはできない。しかし、自然に「衰退」によって街の規模が縮小すると、住民は買い物難民化を始め、多大な苦難を伴うことになる。呉にしても尾道にしても、駅周辺の中心部に大型の商業施設ができて、この「選択的縮小」を可能にする動きはあるにしても、まだ「無理なく人口を減らす」覚悟には至っていないだろう。だが、広島市と福山市を残して、他の都市は小さくても住みやすい形に「整理」しない限り、広島県が、県民が幸せに暮らせる「超一流県」になることも難しいのではないだろうか。

どうだろうか。超一流県などという、威勢の良い言葉を使ってみたが、その本質は、もっと過酷で、苦しい選択をしなければならないということなのだ。

だが、広島県民には自信をもってもらいたい。こうした「超一流への道」はほとんどすべての県や自治体が直面している課題であり、現状超一流ランクにある東京、神奈川、大阪、京都、愛知、福岡などにしても、今のままでは簡単に超一流の座から転がり落ちてしまう状態だし、大阪府などはすでにその兆候が如実に表れてしまっている。しかも、それぞれが抱える問題を、解決するのが非常に難しい局面に立たされているのだ。

それに引き換え、広島県は、解決すべき課題がある程度見えており、なおかつ「努力でなんとかなる」ものが多い。そして、広島県には、それを打ち破る力も備わっている。

もはや、しばらくは日本が世界の超一流国を狙うことは難しいだろう。しかし、そこで広島県が、苦しむ他の大都市や、多くの地方の見本となり、みんなを引っ張っていく先導者となるべきなのだ。

そして、いつの日か再び、日本が超一流国への道を進むとき、その先頭には広島県がいる。確かな実力、平和都市の重み、県民の活力。しばらく我慢のし時となる日本において、広島県の力が必要なのだ。

この景色ももう見納め。広電が高架となり、この真上を走ることになる。広島市や県の未来に、さらなる可能性が芽生えようとしている

あとがき

広島県は、こうした書籍で扱うには非常に「重い」地域だ。できるだけ軽く、面白おかしく描きながら、地域の真相に迫るのが本シリーズの神髄なのだが、そうした「軽さ」を躊躇させるものが、確かにある。

などというのが、当の広島県民にとっては迷惑千万なのは重々承知している。そうした葛藤の末につくられたのが、2018年6月に刊行された前作なのだが、この本も曰く付きのものとなってしまった。刊行直後に起こった西日本豪雨によって、この本はそもそも「広島に到着しない」という異常事態が発生。そのおかげもあって、他地域を扱ったものに比べ、広島県民のみなさんのお目にかかる機会が減ってしまったわけだ。この文庫版は、そうした経緯もあって「仕切り直し」の意味合いが強く、編集作業にも力が入った。

ただ、この文庫版にしても2020年の新型コロナウイルス感染拡大のさなかである。どうにもうまくいかないことばかりだが、それでも、筆者らがみた広島は、やはり強い力を持つ県であった。

取材中、とある飲食店で聞かせてもらった話は、広島の強さを実感させるものだった。コロナ渦の中、飲食街は全国的に壊滅状態にあるが、広島県においては観光客が途絶えても、何とか地元需要で「死なない程度」には維持できていたという。これは、筆者らが本シリーズで訴えてきた「観光は基本的にプラスアルファ」「地元のサイクルで潤っていてこそ観光地としての価値が上がる」ことを、改めて正しいと思えた瞬間だった。事実、確かに街の賑わいは往事に比べて寂しいが、広島県は、少なくとも広島市や福山市、尾道市などの中核都市は、そうした「基本」を押さえられているように見えた。筆者らが同時期に見てきた山陰地方や九州の過疎地帯に比べ、はるかに広島は豊かだ。これなら、いつか観光客が戻ってきたとき、さらなる発展の「付け足し」を得られると、筆者は確信した。

呉市の現状を始め、広島県には問題は多い。しかし、広島県ほどこの先に未来に期待が持てる地域も少ない。大阪ですら、インバウンドに頼りすぎてにっちもさっちもいかなくなっているのだ。広島県民には、もう自虐は必要ないでしょう、と改めて意見を差し上げておきたいと、切に思う次第である。

参考文献

・広島県　『広島県統計年鑑』広島県統計課　各年版
・広島県　『広島県史』各巻
・樫野孝人『おしい！広島県の作り方―広島県庁の戦略的広報とは何か？』　カナリア書房　2013年
・大矢博之ほか　『広島 今昔物語 週刊ダイヤモンド 特集BOOKS』　週刊ダイヤモンド　2018年
・安西巧　『広島はすごい』　新潮社　2016年
・岩中祥史　『広島学』　新潮社　2011年
・都会生活研究プロジェクト［広島チーム］『広島ルール』中経出版　2012年
・桝本誠二　『広島カープの「勝ちグセ」戦略』　ぶんか社　2017年
・『広島アスリートマガジン 2017年優勝記念特別増刊号』　サンフィールド　2017年
・佐藤亮一　『都道府県別 全国方言辞典』　三省堂　2009年
・『広島お好み焼完全マスター本 お好み焼を知る7つの章』　ザメディアジョン　2014年
・武田保介ほか　『マンガでみる呉の歴史』　広島経済同友会呉支部呉の歴史再発見委員会　2016年
・千田武志　『ふるさと呉：平成の大合併から8年！　新呉市全域を初めて写真で網羅！』　郷土出版社　2013年
・奥本剛　『呉・江田島・広島戦争遺跡ガイドブック』　潮書房光人社　2016年
・田村信三　『地誌　広の蛎養殖』　広島図書出版会　1977年

・八木彬男『明治の呉及呉海軍』 呉造船 1957年
・田辺良平『広島産業界先駆け者伝 時代の先頭を走った人たち』 春秋社 2013年
・中国新聞社『であいしまなみ'99西瀬戸自動車道』 中国新聞社 1999年
・後藤陽一『広島県の地名』 平凡社 1982年
・井上洋一郎『広島財界今昔物語』 政治経済セミナー社 1967年
・土井作治ほか『図説福山・府中の歴史』 郷土出版社 2001年
・土井作治ほか『図説 東広島・竹原・呉の歴史』 郷土出版社 2001年

【サイト】
・広島県
http://www.pref.hiroshima.lg.jp/
・広島県市区町村公式サイト
http://www.pref.hiroshima.lg.jp/site/kankeikikanlink/1172556346224.html（リンク集）
・内閣府
http://www.cao.go.jp/
・総務省
http://www.soumu.go.jp/
・農林水産省

http://www.maff.go.jp/

・国土交通省

http://www.mlit.go.jp/

・ＪＲ西日本

https://www.westjr.co.jp/

・広島電鉄

http://www.hiroden.co.jp/

・中国電力

http://www.energia.co.jp/

・中国新聞

http://www.chugoku-np.co.jp/

・Ｗｅｂ西広島タイムス

http://www.l-co.co.jp/times/

・広島ニュース　食べタインジャー

https://tabetainjya.com/

・共同通信

http://www.kyodonews.jp/

・時事通信

https://www.jiji.com/

・読売新聞

http://www.yomiuri.co.jp/

・朝日新聞

http://www.asahi.com/

・毎日新聞

https://mainichi.jp/

・日本経済新聞

https://www.nikkei.com/

・産経新聞

https://www.sankei.com/

・産経ＷＥＳＴ

https://www.sankei.com/west/

●編者

鈴木士郎

1975年東京都生まれ。編集者、ライター。出版社、編集プロダクションを経てフリー。地域批評シリーズには創刊時から参加している。文庫版制作にあたって行った追加取材は、鳥取県と島根県の取材終了後に行ったため、米子駅発の高速バスを使って広島入りしたわけだが、山陽、山陰のギャップには改めて驚かされた。出雲大社ですら人がちらほらという状態だったのに、宮島はまあまあの客足。やはり広島県は強力であると、改めて痛感した次第でした。

昼間たかし

1975年岡山県生まれ。ルポライター、著作家。岡山県立金川高等学校・立正大学文学部史学科卒業。東京大学大学院情報学環教育部修了。知られざる文化や市井の人々の姿を描くため各地を旅しながら取材を続けている。このまま京橋の下に住まなくてもよい人生を送りたいと思う、今日この頃。せめて自らには恥じなく眠りたい。近著に『これでいいのか岡山』（マイクロマガジン社）。そのほか単著に『1985-1991 東京バブルの正体』（マイクロマガジン社）『コミックばかり読まないで』（イースト・プレス）などがある。コロナ禍の出口のないトンネルに恐れ慄きながらなんとか生きている。福住のフライケーキを食べたいものだ。

地域批評シリーズ㊺　これでいいのか 広島県

2020年11月19日　第1版　第1刷発行

編　者　鈴木士郎
　　　　昼間たかし
発行人　武内静夫
発行所　株式会社マイクロマガジン社
〒104-0041　東京都中央区新富1-3-7 ヨドコウビル
TEL 03-3206-1641　FAX 03-3551-1208（販売営業部）
TEL 03-3551-9564　FAX 03-3551-0353（編　集　部）
https://micromagazine.co.jp
編　集　岡野信彦／清水龍一
装　丁　板東典子
イラスト　田川秀樹
協　力　株式会社エヌスリーオー／髙田泰治
印　刷　図書印刷株式会社

※本書の内容は2020年9月30日現在の状況で制作したものです。
※本書の取材は新型コロナウイルスによる緊急事態宣言の発令前と、移動自粛要請が緩和された後に行っています。

2020 Printed in Japan　ISBN　978-4-86716-074-9　C0195